KLARTEXT

Bildnachweis:
Imago Images: Votos-Roland Owsnitzki: S. 4/5, teutopress: S. 7, 8, 60/61, Pop-Eye: S. 43, teamwork: S. 48/49, Detlev Konnerth: S. 72/73, Busse: S. 76, United Archives/Impress: S. 82, Horst Galuschka: S. 90/91, Jürgen Held: S, 112/113; picture alliance: dpa/Dieter Klar: S. 18, Fryderyk Gabowicz: S. 23, S. 102, ullstein bild: S. 26, pa: S. 28, dpa/Andreas Gebert: S. 35, dpa/XAMAX: S. 41, dpa/Michael Hanschke: S. 44, dpa/Lutz Mueller-Bohlen: S. 47, Jazz Archiv Hamburg/Hardy Schiffler: S. 65, dpa/Britta Pedersen: S. 68, United Archives: S. 81, dpa/Christoph Soeder: S. 96/97, dpa/Ole Spata: S. 110, United Archives/KPA: S. 119; Jutta Matthes: S. 30/31; Scherben-Family: S. 13

Bibliografische Information der Deutschen Nationalbibliothek
Die Deutsche Nationalbibliothek verzeichnet diese Publikation in der Deutschen Nationalbibliografie; detaillierte bibliografische Daten sind im Internet über portal.dnb.de abrufbar.

Impressum
1. Auflage September 2023
Satz und Gestaltung: Birgit Lonsdorfer
Umschlaggestaltung: Guido Klütsch
Umschlagabbildungen: Adobe Stock/Neda Asyasi (Krone), Adobe Stock/Belish (Mond), Imago/BRIGANI-ART (Rio), pa/dpa/Michael Hanschke (Kreuz), pa/dpa/Christian Charisius (Fresenhagen)
Autorenfoto Umschlagklappe: Romanus Fuhrmann
Druck und Bindung: Linsen Druckcenter GmbH, Siemensstraße 12–14, 47533 Kleve

ISBN 978-3-8375-2589-2

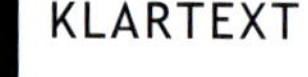

Jakob Funke Medien Beteiligungs GmbH & Co. KG
Jakob-Funke-Platz 1, 45127 Essen
info.klartext@funkemedien.de
www.klartext-verlag.de

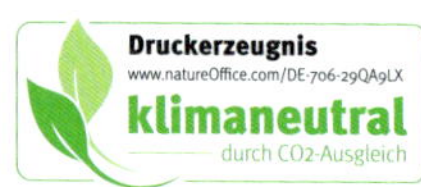

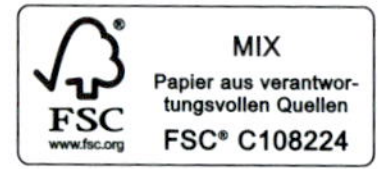

Hollow Skai

Rio Reiser

Populäre Irrtümer
und andere Wahrheiten

Inhalt

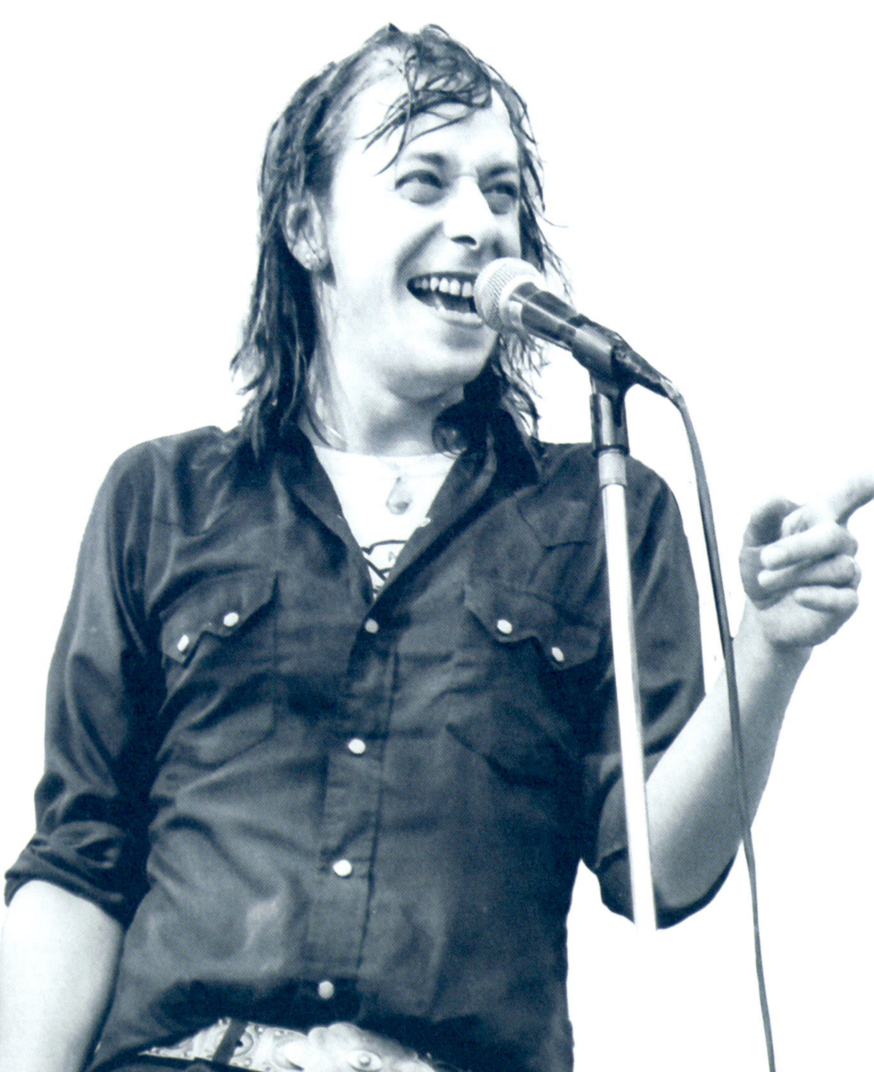

Zum Geleit

Rio Reiser war schon zu Lebzeiten eine Legende. 1967 hatte er die erste Beatoper der Welt komponiert. Drei Jahre später war er mit Ton Steine Scherben erstmals beim Festival der Liebe in Fehmarn aufgetreten, gleich nach Jimi Hendrix, der dort sein letztes Konzert gab. Die Scherben lieferten den Soundtrack zu Hausbesetzungen überall in der Bundesrepublik, und mit parolenhaften Songs demonstrierten sie, dass Musik auch eine Waffe sein kann. Den bewaffneten Kampf scheuten sie jedoch, und schon bald kamen sie sich wie eine Musikbox vor, die von der Linken instrumentalisiert wurde. 1975 kehrten sie Berlin den Rücken und zogen aufs Land.

Im schleswig-holsteinischen Fresenhagen produzierte die Landkommune Kinderplatten, Theaterstücke, Filmmusiken und hin und wieder auch ein neues Album – bis sie sich 1985 sang- und klanglos auflöste.

Rio schlug eine Solokarriere ein, wurde zum „König von Deutschland" und pendelte zwischen Berlin und Fresenhagen, das ihm immer mehr zum Fluchtpunkt wurde. Als er dort 1996 starb, verlor die Nation ihren wortgewaltigsten Songtexter und eindrucksvollsten Sänger, doch sein Vermächtnis überdauerte alle Querelen zwischen seinen gesetzlichen Erben und seiner alten Band, und seine Lieder sind noch immer so aktuell und eingängig wie vor 50 Jahren.

Sein Traum von einer besseren Welt ist zwar aus, doch es gibt immer noch und immer wieder viele Fans, die sich dafür einsetzen, dass er Wirklichkeit wird.

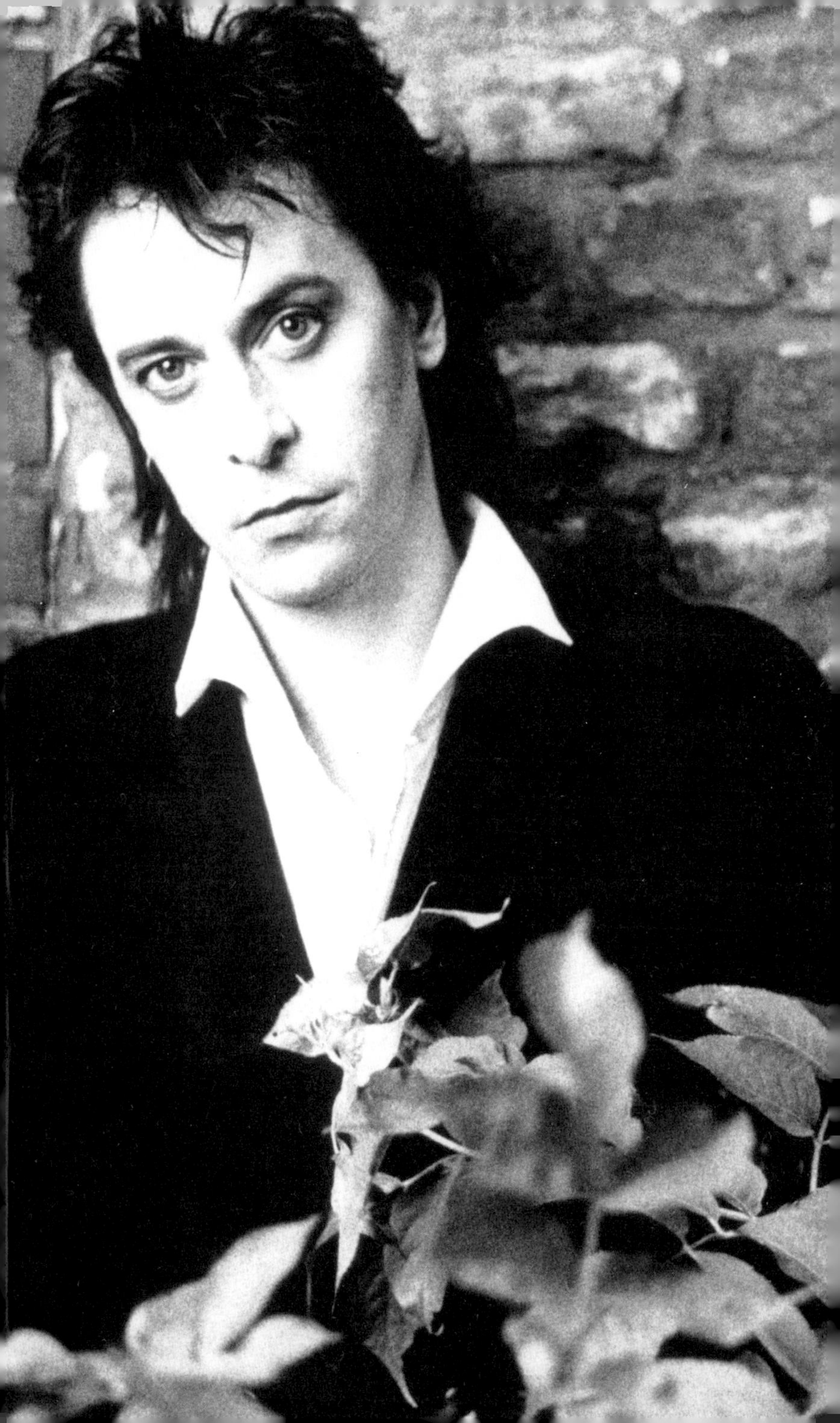

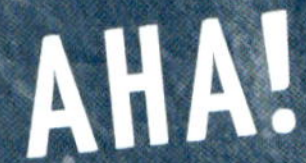

Von Kopf bis Fuß auf Liebe eingestellt

Mutter Möbius hatte anfangs keine allzu große Meinung von ihrem jüngsten Spross.

Für Erika Möbius war ihr Sohn, der zunächst noch ganz bürgerlich Ralph Christian hieß, „ein Haarspalter und Rechthaber", weshalb er ihrer Meinung nach Anwalt werden sollte. Das änderte sich erst, als Bruder Gert ihm ein paar Dur- und Mollakkorde gezeigt hatte und er zwei Lieder nach dem Gehör lernte: „Ich bin von Kopf bis Fuß auf Liebe eingestellt" und „Lili Marleen". Damit überzeugte er schließlich auch seine Mutter, die ein großer Marlene-Dietrich-Fan war und sogar Dinge über sie wusste, die erst Jahre später allgemein bekannt wurden. „Meine Mutter hat immer gut über die gesprochen", erzählte Rio 1995 anlässlich der Veröffentlichung seines letzten Albums *Himmel & Hölle*, „und war wohl schon in der Schule Marlene-Fan gewesen. Als ich später das Buch ihrer Tochter gelesen habe, habe ich mich gewundert, wie viel ich über Marlene bereits wusste – von meiner Mutter." Die Begeisterung seiner Mutter für Marlene Dietrich ging auf ihn über, und so stammte auch die erste Platte, die er sich kaufte, von der Filmdiva: *Bitte geh nicht fort.*

Als Kind war Rio, der am 9. Januar 1950 in Berlin geboren wurde, ein Einzelgänger. Mit den Nachbarskindern, die ohnehin alle drei Jahre umzugsbedingt wechselten, wenn sein Vater mal wieder einen neuen Job angenommen hatte, konnte er wenig anfangen. Im Kindergarten langweilte er sich entsetzlich. Sensibel, wie er war, saß er lieber zu Hause, spielte mit seinen Autos oder den Puppen von Regina Peschke, die nebenan wohnte. Von seinen Brüdern wurde er aufgezogen, weil er „eine Heulsuse" war, und als er im Fasching als Mädchen gehen wollte und ihm das verwehrt wurde, verstand er nicht, „was daran schlecht sein sollte“, schließlich durften Mädchen doch „die schickeren Sachen“ anziehen.

1967 nahm sein Bruder Gert ihn mit zu einem Konzert von Sandie Shaw, die damals barfuß auftrat, was Rio nachhaltig beeindruckte: Später trat auch er stets unbeschuht auf, weil er sich dann besser geerdet wähnte und man auch mit den Füßen sehen könne, selbst wenn man keine Hühneraugen habe.

Dass sein christlich geprägter Pazifismus nicht zuletzt von dem Schriftsteller Karl May beeinflusst wurde, der sich in seinen Romanen immer wieder mit den verschiedensten Religionen befasste, gab er offen zu: „Old Shatterhand hat zwar auch geschossen, aber nur im Notfall und dann auch nur ins Knie seiner Gegner.“

Die selbst verordnete Karl-May- und Bibel-Lektüre führte später nicht nur dazu, dass Rio die Bundeswehr infrage stellte – in Religion bekam er nun auch immer eine Eins, und als Bruder Peter ihn mit ins Kino nahm und sie sich einen „christlichen Agitationsfilm“ ansahen, *Ben Hur*, war der so ganz nach seinem Geschmack. Zu Weihnachten wünschte er sich den Soundtrack, machte aber einen Riesenterz, als er den nicht schon vorher hören durfte.

„Rio hat immer richtig Weihnachten gefeiert, mit Weihnachtsbaum und Kerzen und Weihnachtsliedern und Bescherung und Gänsebraten“, erinnerte sich sein Eckermann, der Autor Hannes Eyber. Heiligabend sang er manchmal, als sich der „Dschungel“ noch am Winterfeldtplatz in Berlin befand, seine Lieblingslieder

von den Stones. Und am ersten Weihnachtstag frühstückte er stets vor dem Fernseher: „Erst gab's den Segen vom Papst, dann Eiskunstlaufen aus Garmisch-Partenkirchen."
Es war fast eine Manie. Nach seinem Tod stellte Bruder Peter fest, dass alles, was man von Rio in seinem Zimmer in die Hand nehme, nach buntem Teller unterm Weihnachtsbaum rieche: „Ein Duft von Advent und Vanille, von Orient und Christfest."

Nachdem er bereits die Schule abgebrochen hatte, beendete er auch vorzeitig eine Fotografenlehre und schrieb sich am Offenbacher Konservatorium als Cellist ein. Das Cello hatte er sich ausgesucht, „weil es bei ‚Yesterday' die schönsten Linien spielte". In seinen Erinnerungen *König von Deutschland* bedankte er sich dafür beim Beatles-Produzenten George Martin. Doch auch diese Ausbildung führte er nicht zu Ende. Aber wofür benötigte er auch einen Abschluss? „Um E-Gitarre zu spielen", so sein Bruder Peter, „brauchte man einen Anschluss und das Geld für eine Supreme-Gesangsanlage, einen Selmer-Gitarrenverstärker, kein Abitur."

Da fügte es sich gut, dass eines Tages der Schlagzeuger der Lokalband Beatkinks, die Songs wie „Hang On Sloopy" von den McCoys oder „For Your Love" von den Yardbirds spielte, an seiner Tür im hessischen Nieder-Roden klingelte, weil er für die Band einen Sänger suchte. Mit Ralph Pierre Steitz, der einen Tag nach ihm geboren war und sich später R.P.S. Lanrue nannte, verstand Rio sich auf Anhieb. Kurzentschlossen griff er zur Klampfe und spielte „Play With Fire" von den Stones, einen Song, den sein Künstlerfreund Blalla „echt krank" fand, was damals als größtes Lob überhaupt galt. So begann eine mehr als außergewöhnliche Freundschaft, die dreißig Jahre andauern sollte und erst mit dem Tod von Rio endete. Und eine Karriere, in der Rio Reiser von Kopf bis Fuß auf Liebe eingestellt war und unsterbliche Songs wie „Für immer und dich" oder „Halt dich an deiner Liebe fest" schrieb.

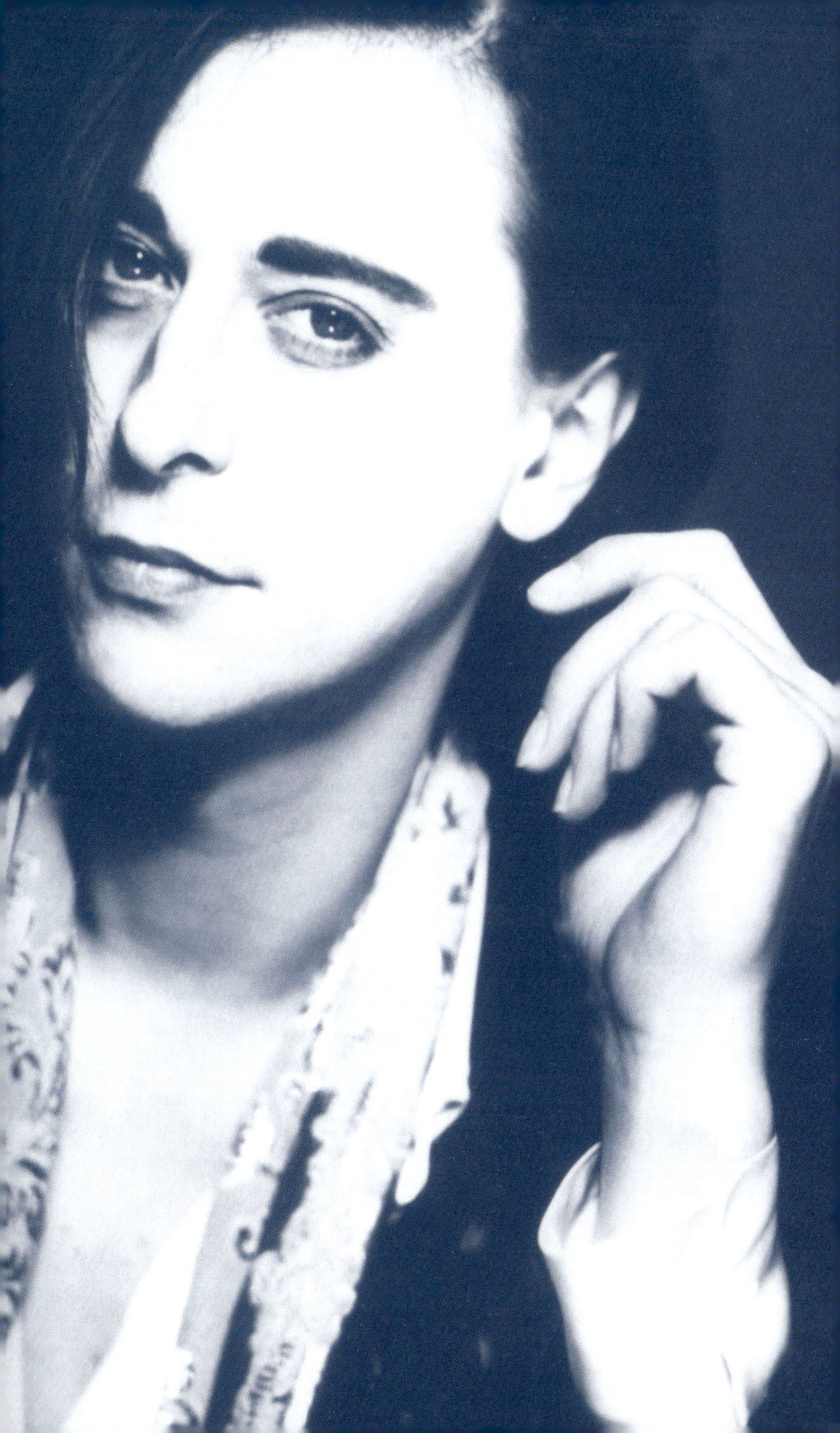

Zahlen & Fakten

Rios **drittes Soloalbum** *Rio* wurde in der DDR nach der Maueröffnung in einer „Erstauflage" von **150.000** Stück vom VEB Deutsche Schallplatte veröffentlicht. Die von der „international renommierten Firma CBS gepresste Scheibe" kostete **16,10 Ost-Mark**, war aber schon bald vergriffen.

Aus **Protest gegen eine Fahrpreiserhöhung** der Berliner Verkehrsgesellschaft (BVG) veröffentlichten Ton Steine Scherben eine Schallfolie mit dem Song „Mensch Meier".

Eine weitere Flexidisc der Siegfried Volkskrieg Produktion enthielt den Titel „Allein machen sie dich ein", den Ton Steine Scherben live mit Besetzern des Georg-von-Rauch-Hauses aufgenommen hatten; auf der B-Seite war eine für den Sanders-Film *Eine Prämie für Irene* geschriebene **Hymne eines Frauenchors der Frauenbefreiungsfront** zu hören – „Frauen gemeinsam sind stark".

Eine **Fehlpressung** der Scherben-LP *Warum geht es mir so dreckig* enthält andere Versionen als das „offizielle" Album. So sind auf der B-Seite alternative Versionen der Songs „Ich will nicht werden, was mein Alter ist" und „Der Kampf geht weiter", eine Live-Aufnahme von „Bin ich hier der Chef" und die B-Seite der Single „Allein machen sie dich ein" zu hören. Zu erkennen ist die Fehlpressung an der auf der B-Seite eingestanzten **Matrixnummer TSS 13 B**. Die Fehlpressung gelangte versehentlich in einer kleinen Auflage in den Handel und ist somit eine absolute Rarität.

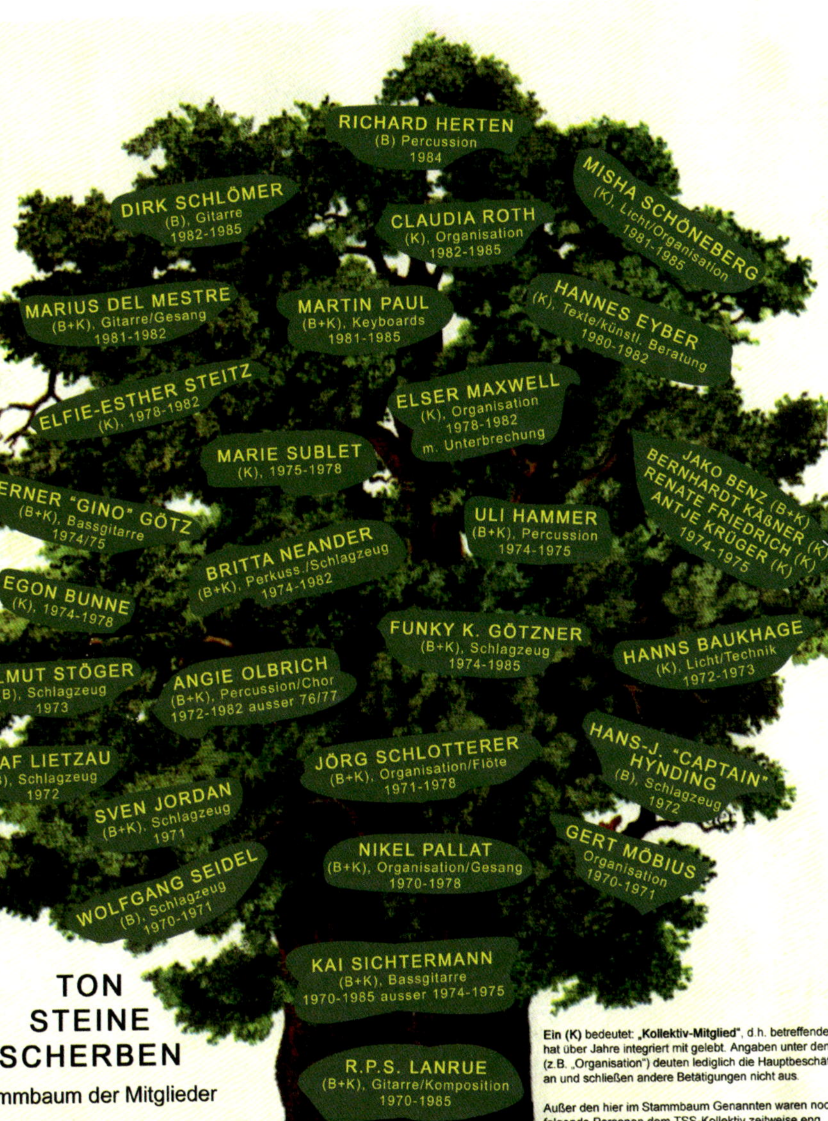

TON STEINE SCHERBEN

mmbaum der Mitglieder

eiser, R.P.S.Lanrue, Kai Sichtermann und ang Seidel gründeten in Berlin 1970 die Band STEINE SCHERBEN. Manager war Gert Möbius. 71 bis zum Ende bestand die Gruppe nicht nur als sondern als Kollektiv: **mmen arbeiten, zusammen leben"** war das Motto.

) bedeutet: **„Band-Mitglied"**, d.h. betreffende n hat live und/oder auf Tonträger ein Instrument lt.

Ein (K) bedeutet: **„Kollektiv-Mitglied"**, d.h. betreffende Person hat über Jahre integriert mit gelebt. Angaben unter dem Name (z.B. „Organisation") deuten lediglich die Hauptbeschäftigung an und schließen andere Betätigungen nicht aus.

Außer den hier im Stammbaum Genannten waren noch folgende Personen dem TSS-Kollektiv zeitweise eng verbunden und/oder haben kurz in der Band mitgespielt: Dietmar Roberg, Raymond Fleschner, Anna Schimany,John Banse, Micki Tonke, Holly Hollunder, Anne Reiche, Jochen Petersen, Thomas Hirsch, Angela Witt, Barbara Czub, Petra Wittig, Wolfgang Michels, Klaus Kurtenbach, Klaus "Checke Köhnen, Klaus van Velzen, Lisa Jane Olbrich, "Die Kurzer (Ela, Ina, Mecki, Olaf, Micha), und viele andere...

Die erste Beatoper der Welt

Rio war 17, als am 2. Juli 1967 die von ihm komponierte Beatoper *Robinson 2000* uraufgeführt wurde.

Unter den Premierengästen befanden sich internationale Rockstars wie Ray Davies von den Kinks, der The Who-Gitarrist Pete Townshend und der Stones-Drummer Charlie Watts. Auf der Bühne mühten sich der Schlagersänger Peter Horten als aztekischer Rachegott Zastro, Hans Hass jr. als Psycho-Astronaut Robby, Marion März als Merlins Auge und Stargast David Garrick ab. Und auf den billigsten Plätzen blieb den Gebrüdern Möbius das Lachen im Halse stecken ob ihrer total verunglückten „Promenadenmischung aus existenzialistischem Studententheater und deutscher Billigoperette".

Das Werk erhielt weltweit verheerende Kritiken, am Jahresende war das jedoch schon wieder Schnee von gestern. Rio schrieb die Songs für die *Hanswurstiaden*, eine Goethe-Revue, die der Regisseur Robert Wolfgang Schnell aus Goethes *Jahrmarktsfest von Plundersweilern* und seiner Jugendsünde *Hanswursts Hochzeit* gestrickt hatte, und Bruder Gert entwarf dafür das Bühnenbild. „Die Inszenierung war lustig, frech schweinisch und trotzdem von Goethe", erinnerte Rio sich 1994, und damit genau das Richtige für ein Off-Theater am Kurfürstendamm.

Wer damals dachte, das Beatoper-Debakel würde die Brüder Möbius aller Möglichkeiten berauben, rieb sich schon bald verwundert die Augen: Die UFA gab bei ihnen ein Exposé für ein TV-Musical in Auftrag, das im Berliner Milieu spielen „und mit Beatmusik zu tun haben" sollte. Und Peter Meisel von Hansa Musik überlegte sogar, die Beatoper als LP herauszubringen und bestellte bei Rio „was mit Clown oder Underground". Die Demos, die er mit der ehemaligen Band von Drafi Deutscher aufnahm, blieben allerdings unveröffentlicht.

Der Drehorgelwalzenwelthit

Keine Idee war 1968 verrückt genug, um nicht realisiert zu werden.

Zusammen mit Dietmar Roberg gründeten die Möbiusse das Hoffmanns Comic Teater (HCT). Den Namen ihrer Theatertruppe erklärte Rio in seinen Memoiren damit, dass „Hoffmann" an E.T.A. Hoffmann und Dr. Hoffmann, den Erfinder des Struwwelpeter, erinnere und darin auch der Begriff Hoffnung stecke, dass „Comic" sich auf Komik, Commedia dell'arte und Comichefte beziehe und „Teater" ohne „h" als Reverenz an die Nürnberger Theater-Experimente gemeint war. Außerdem habe man mit dem Namen „Hoffmanns Comic Teater" Jahrmarkt und Zirkus assoziieren sollen, als Alternative zum „verbeamteten Schauspieler-Stadt-Theater".

Das erste Projekt von Hoffmanns Comic Teater war die Sumpf-Oper *Okkollo*, die im Mai '68 im Audimax der TU Berlin Premiere hatte. Die Bilder und akustischen Reize trafen ins Unterbewusste und wirkten geradezu magisch. Requisiten, Masken und Kostüme verschmolzen im ultravioletten Bühnenlicht mit den ritualisierten Bewegungen und Gesten der Darsteller zu einem künstlerischen Drogencocktail par excellence. Und Rio spielte dazu Klavier und sang die Stimmen zu allen Figuren.

Gleich die erste Produktion des neu gegründeten Theaters war also ein Erfolg und musste mehrmals wiederholt werden, erst im stets ausverkauften Audimax, dann im Forum-Theater. Inzwischen hatten die UFA und das ZDF auch den *Drehorgelwalzenwelthit* abgenickt, der hausintern zur Chefsache erklärt worden war, weil man meinte, etwas für die Jugend tun zu müssen. Unter der Aufsicht eines gewissen Alfred Biolek wirkte die Schlagersängerin Dunja Raiter mit, es spielten und sangen die Comedians von Insterburg & Co. und die Berliner Soulband The Hounddogs (deren Bassist Happy-Dieter bald zum harten Kern der umherschweifenden Haschrebellen gehörte). Die von Peter Möbius getextete und von Rio komponierte Geschichte handelte von einem Drehorgelwalzenbauer, der seiner Tochter eine Walze vererbt, auf der sich der Welthit schlechthin befindet. Daraufhin buhlt so ziemlich jeder um die Gunst der Tochter, die jedoch nichts von ihrem Glück ahnt und sich ausgerechnet in einen armen Schlucker verliebt, der in einer Beatband spielt.

Angeblich basierte die Story auf den Erfahrungen mit David Garricks Management während der Beatoper. Rio zufolge war sie ein ähnliches künstlerisches Fiasko wie *Robinson 2000*, nur kostete sie sie kein Geld, sondern brachte ihnen dank Ilse Werner, die die Produktion im Auftrag des ZDF abhörte und dem begabten jungen Komponisten zu seinen wunderbaren Liedern gratulierte, welches ein. Unter dem Titel *Beat aus dem Leierkasten – eine Band sucht einen Hit* lief das Fernsehmusical im ZDF.

Nach dem künstlerischen *(Okkollo)* und finanziellen Erfolg *(Drehorgelwalzenwelthit)* verfassten Gert und Ralph Möbius daraufhin das Stück *Rita & Paul*, in dem sich eine Fabrikantentochter in einen Arbeitersohn verliebt. Jede Szene sollte anschließend noch einmal in einem Song abgehandelt werden, weil Rio weg wollte von der klassischen Theatermusik. Erstmals aufgeführt wurde *Rita & Paul* 1969 im Rahmen der Frankfurter Experimenta. Da darin der Klassenkonflikt thematisiert wurde, weigerte sich Hoffmanns Comic Teater aber, das Stück auf einer städtischen Bühne aufzuführen. Stattdessen spielte man es in den Jugendhäusern in Bonames, im Gallus, im Industriehof und in der Nordweststadt. Als Rio zum Schluss mit blutigen Fingern „Macht kaputt, was euch kaputt macht" auf der Gitarre gespielt hatte, enterten ein paar der anwesenden Rocker die Bühne und improvisierten Szenen aus ihrem Alltag.

Das war nicht geplant, wurde aber künftig in den Ablauf eingebaut: Wenn *Rita & Paul* zu Ende war, fing die Geschichte eigentlich erst an. Dem Report des Bayerischen Rundfunks zuliebe, der die Experimenta-Vorstellungen verpasst hatte, führten sie das Stück noch einmal in der Kreuzberger Naunynstraße auf – mit dem Resultat, dass fünf jugendliche Zuschauer, „allet echte Proleten", schon bald dem HCT mehr oder minder fest angehörten.

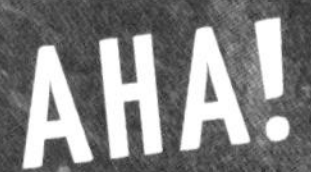

Macht kaputt, was euch kaputt macht

Für ihre erste Single gestaltete Blalla Hallmann, der „in San Francisco zum Kreis von Robert Crumb gehört" hatte, das Cover. Auf dem Cover der ersten Scherben-Single sollte zunächst eine „detailreich gezeichnete Massenorgie – Blalla Hallmanns Vorstellung vom Paradies" – zu sehen sein. Um die linken Buchläden nicht zu verschrecken, wurde sie im letzten Augenblick jedoch durch eine weniger verfängliche Illustration ausgetauscht.

Vorfinanziert wurde die erste unabhängig produzierte Schallplatte der Bundesrepublik Deutschland von Gert C. Möbius, der zu der Zeit ein gutes Auskommen als Raubdrucker hatte und das Cover auf einer Rotaprint druckte, die einst der Kommune I gehört hatte, auf der nun aber Schriften von Wilhelm Reich und Anna Freud vervielfältigt wurden. Gert nutzte die subversiven Vertriebskanäle, um die Single an den Fan zu bringen – bis Weihnachten 1970 waren bereits einige Tausend verkauft.

Die Gruppe war über Nacht zur Kultband geworden. Ihr Name wurde schon bald zum Synonym für Randale, Hausbesetzungen und Straßenkampf. In der *Zeit* blickte Rio 1984 zurück: „Irgendwann wussten wir nicht mehr, ob wir jetzt schreiend mit einem Maschinengewehr auf die Straße stürzen oder uns mit der Gitarre in den Rinnstein setzen sollten." Die RAF kam ihm immer mehr wie ein Verein von Akademikern vor – und mit denen hatte er noch nie etwas anfangen können. „Ideale hatten sie schon", resümierte er 1996 in der *Südthüringer Zeitung*, „doch jeder sollte sich das WIE mehr überlegen als das WAS. Ich kann keine Leute umbringen und Geiseln nehmen, um Morde, Unrecht und Unterdrückung zu verhindern."

Festival der Liebe

Als Ton Steine Scherben am 6. September 1970 die Bühne betraten, kursierten im Publikum längst Gerüchte, dass viele der angekündigten Bands nicht mehr auftreten würden. Die Stimmung war hochexplosiv, weil Taste, Rod Stewart und Emerson, Lake & Palmer nicht erschienen waren, und es bedurfte nur mehr eines Funkens, um alles in Brand zu setzen.

Der Sänger der Kreuzberger Polit-Rock-Band, die hier in Fehmarn zum ersten Mal überhaupt auftrat, nutzte die Gunst der Stunde und wiegelte die Fans auf: „Hauen wir die Veranstalter ungespitzt in den Boden!“ Dann jagte ihr Gitarrist Lanrue ein Riff durch den Verstärker, und Rio Reiser sang dazu: „Bomber flie-

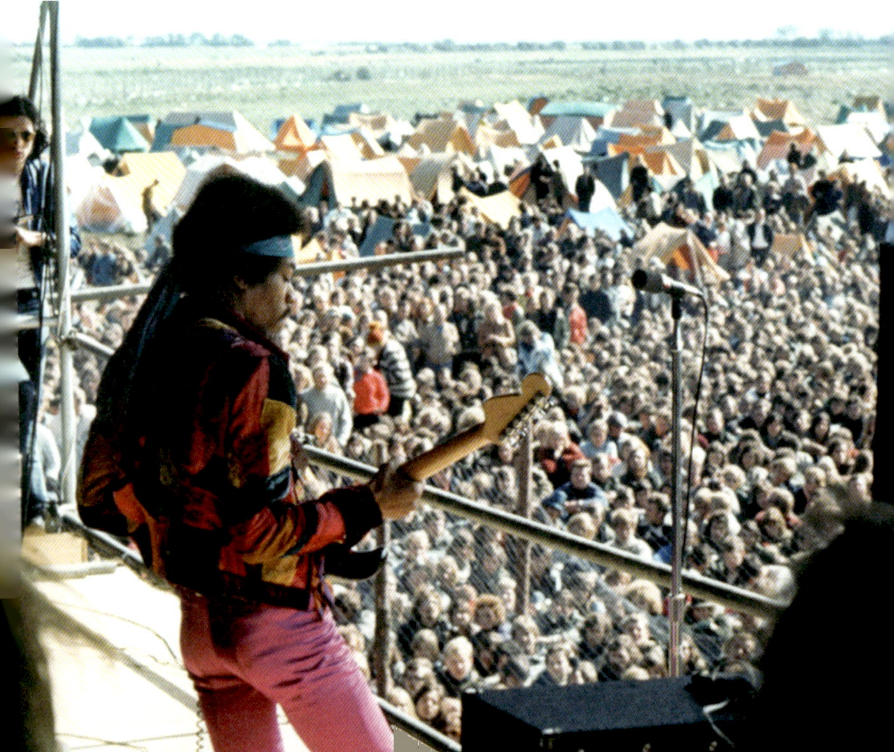

gen, Panzer rollen, Polizisten schlagen, Soldaten fallen, die Aktien schützen, die Chefs schützen, das Recht schützen, den Staat schützen – vor uns! Macht kaputt, was euch kaputt macht!" So mancher um sein Eintrittsgeld betrogene Fan ließ sich das nicht zweimal sagen. Kurz nach dem Auftritt der Scherben ging die Bühne in Flammen auf.

Der Veranstalter war bereits mit den Nerven am Ende gewesen, als die Band auf dem Festivalgelände eingetroffen war. Statt des Telefonhörers hatte er die Kaffeetasse hochgehoben und sich mit zitternden Händen zwei Zigaretten gleichzeitig angezündet, als eine Abordnung der Scherben im Festivalbüro aufgetaucht war. „Wo jibt's denn hier wat zu pennen?", war er in Ur-Kreuzberger Dialekt gefragt worden, und als er versucht hatte, die chaotische Truppe abzuwimmeln, hatte ihn ein anderer, der so dünn wie ein Hering war und sich später als Sänger zu erkennen geben sollte, angemacht: „Und wo wohnt der Jimi Hendrix?"

Verängstigt und zugleich irritiert, weil er eigentlich eine Theatergruppe, die Roten Steine, engagiert hatte, um in den Genuss von Steuererleichterungen zu kommen, und keine weitere Band, fragte er zurück: „Wie viele seid ihr denn?" Als ihm die korrekte Zahl, 28, genannt wurde, wäre er am liebsten auf Nimmerwiedersehen im Boden versunken.

Ob tatsächlich Rio und die Scherben dafür verantwortlich waren, dass die Bühne des von Beate Uhse gesponserten Festivals der Liebe abgefackelt wurde, konnte nie abschließend geklärt werden. Es ist jedoch, so Nikel Pallat, „ein wunderschöner Mythos, der sich bis heute hält".

Der König ist tot, es lebe der König!
Während Jimi Hendrix in Fehmarn zum letzten Mal live auftrat, debütierte dort Rio Reiser.

Friede den Hütten, Krieg den Palästen

Die aus Hoffmanns Comic Teater und der Theatergruppe Rote Steine hervorgegangene Band machte Musik für „Jugendliche, Trebegänger, Gammler, Drogensüchtige und Ausgeflippte“, also für alle sogenannten Randgruppen, „auf die eine Mehrheit des Volkes herabschaute“. Und bei ihren Auftritten hing fortan ein Spruchband mit der von Georg Büchner geprägten zentralen Parole der bürgerlichen Revolution von 1848 über der Bühne – „Friede den Hütten, Krieg den Palästen“; zwischen den Songs zitierten sie Worte des Vorsitzenden Mao.

Am 1. Mai 1971 spielten sie auf einem Lkw, der den Kreuzberger Demonstrationszug begleitete, woraufhin der spätere Nena-Manager Jim Rakete sie für Springers *B.Z.* fotografierte – es ist das älteste Foto, das von den Scherben existiert (und ziert das Back-Cover der Scherben-LP *Warum geht es mir so dreckig*).

Albrecht Metzger nahm mit ihnen ein paar Songs für *Jour fix* auf, ein damals extrem progressives Jugendmagazin der ARD. Weitere Aufnahmen entstanden auf einem Benefiz-Fest für die Gefangenen-Hilfsorganisation Rote Hilfe, das der Schriftsteller und Haschrebell Peter Paul Zahl organisiert hatte. Anschließend wurde eine leerstehende Fabrik am Mariannenplatz besetzt, ohne dass das allerdings zunächst irgendjemand mitbekam, sodass die vielleicht erste Hausbesetzung der BRD am Tag darauf wiederholt werden musste. Eine weitere Fabrikbesetzung in Kreuzberg und die Besetzung der Alten Posthalterei in Ahrensburg bei Hamburg, vor allem aber die Besetzung des Bethanien-Krankenhauses am 8. Dezember 1971, lösten schließlich eine Hausbesetzungswelle aus, die schon bald das ganze Land überrollte.

Innerhalb nur eines Jahres war so aus einer völlig unbekannten Kreuzberger Rock-Gruppe Deutschlands Polit-Rock-

Band Nr. 1 geworden, und ihr Name wurde schon bald zum Synonym für Randale, Hausbesetzungen und Straßenkampf.

Bertolt Brechts „Einheitsfrontlied", das Hanns Eisler vertont hatte, durfte sie sogar auf dem Arbeiter-Song-Festival des DKP-nahen Kabarettisten Dietrich Kittner spielen, obwohl sie schon damals als Anarcho-Kapelle galt und mit Jörg Schlotterer einen „religiösen Berater" hatte, der nicht nur Querflöte spielte, sondern auch über Kontakte zum Sozialistischen Deutschen Studentenbund (SDS) und zur Roten Armee Fraktion (RAF) verfügte. Keine Frage: Die Revolution stand vor der Tür – und die Scherben lieferten den Soundtrack dazu.

In einem Interview, das die Scherben im Februar 1971 der Berliner Boulevardzeitung *B.Z.* gaben, erläuterten sie, warum sie beschlossen hatten, nicht „mit den Leuten des Show-Geschäfts" zusammenzuarbeiten: „Unsere Glaubwürdigkeit wäre dahin. Machen wir uns doch nichts vor, auch wenn uns die ‚größtmögliche künstlerische Freiheit' zugesichert wird, man sagte mit Recht, jetzt sind wir integriert."

Erste Aufnahmen für eine LP, die sie im Dezember 1970 eingespielt hatten, blieben wegen der schlechten Tonqualität unveröffentlicht. Aus dem Live-Mitschnitt ihres Auftritts für die Schwarze Hilfe und im Frühjahr entstandenen Studioaufnahmen stellten sie jedoch ihre erste LP zusammen, die im September 1971 unter dem Titel *Warum geht es mir so dreckig* auf dem bandeigenen David-Volksmund-Label erschien.

Das Album wurde hauptsächlich über linke Buchläden vertrieben, die im Zuge der Studentenbewegung in jeder größeren (Universitäts-)Stadt entstanden waren, oder bei ihren Konzerten verkauft. Der Platte lag ein Plakat bei, auf dem eine zerbrochene Single („Macht kaputt, was euch kaputt macht") zu sehen war.

Und als Logo der David Volksmund Produktion entwarf Gert C. Möbius eine Hand mit einer Steinschleuder, was als Anspielung auf den Kampf ihres kleinen Labels gegen den Goliath Plattenindustrie verstanden wurde.

Ihre Musik war „rührend und erregend zugleich und erzeugte eine Lust, sich anzulehnen, zurückzuschlagen, die eigene Kraft zu spüren und sich endlich zu nehmen, was einem sowieso gehört“, hieß es 1987 in Albrecht Kochs *Angriff aufs Schlaraffenland*, einem Rückblick auf 20 Jahre deutschsprachige Popmusik. Ihre Musik „schuf ein Zuhause, die Wut war echt, die Zärtlichkeit und auch die Trauer“ (Peter Möbius). Ihr Sound, so Ted Gaier von den Goldenen Zitronen, „verstärkte die unbedingte Dringlichkeit der Texte und setzte auch bei den esoterischeren oder biblischen Verheißungsnummern den Rahmen, der klar machte: Auch hier wird von Revolution geredet, nicht von Jenseitsversprechungen oder Individualkram“. Und live waren die Scherben ohnehin unschlagbar, war Rio Reiser eine Lichtgestalt, der keiner das Wasser reichen konnte. Kai Sichtermann: „Wer sonst konnte so überzeugend auf der Bühne sterben und im nächsten Song die Auferstehung zelebrieren! Die Bühne, das war Rios Wirklichkeit, die einzige, die er akzeptierte.“

Immer häufiger kamen sich Ton Steine Scherben allerdings vor wie eine rollende politische Musikbox, und als sie bei einem Auftritt in Schwäbisch Hall einander anguckten, sah ein jeder in den Augen des anderen nur „Leere, Leere, Leere“. Mitten im Song „Schritt für Schritt ins Paradies“ hörten sie auf zu spielen, und Rio sprach zum Publikum: „Wir können nicht mehr. Es tut uns wirklich leid, Leute, aber – sorry!“

Statt die Band wirklich aufzulösen, benannten sie sich für einen Auftritt am 1. Mai 1973 auf dem Kreuzberger Mariannenplatz vorübergehend nur um. In weiße Hosen und Hemden und bunte Westen gekleidet und mit Sombreros auf den Köpfen traten sie als Los Tejoferros auf und spielten Latino-Hits wie „Guantanamera“ oder „La Bamba“.

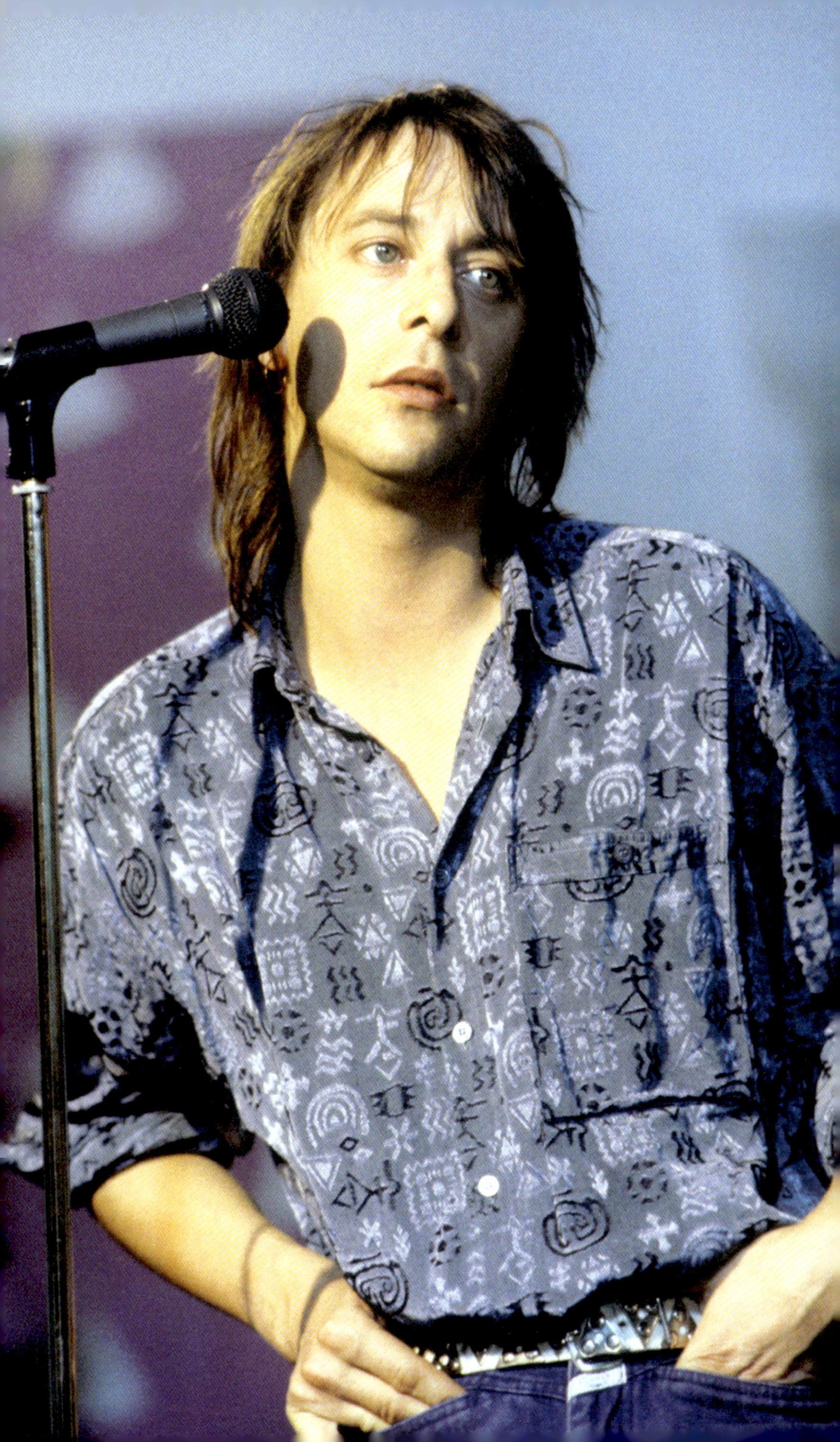

Rote Musik Fraktion

Trotz ähnlicher Überzeugungen verstanden sich Ton Steine Scherben nicht als musikalischer Arm der Roten Armee Fraktion.

Ihre Musik war anfangs so aggressiv, „weil junge Menschen erst einmal emotional bewegt werden müssen, ehe sie aufmerken", hatten Ton Steine Scherben im Februar 1971 in der *B.Z.* zu Protokoll gegeben. Als die Rote Armee Fraktion (RAF) zu den Waffen griff und den bewaffneten Kampf in den Metropolen propagierte, legten die Scherben ihrem Album *Keine Macht für Niemand* jedoch ein Spielzeug-Katapult bei, ein „Katschi".

Mit Angela Lutter und Werner Sauber, die sich der RAF anschlossen, hatten Ton Steine Scherben „den Zorn gegenüber jenen linken Heuchlern gemeinsam, die über Revolution schwadronierten, sich aber bedeckt hielten, sobald es auch nur so schien, als ob es gefährlich werden könnte", schrieb Rio in seiner Autobiografie. Nach dem Tod von Georg von Rauch hatte er zusammen mit Anne Reiche Kreuzberger Häuserwände mit der Parole „Georg lebt!" besprüht, und auf ihren Konzerten verteilten Ton Steine Scherben anfangs noch Flugblätter und Propagandaschriften der RAF und forderten die Zuschauer dazu auf, ihre Personalausweise zu „verlieren".

Auch die Scherben riefen zu Ungehorsam, Rebellion und Umsturz auf, und so lag es nahe, im „Krieg" zwischen der RAF und dem Staat zunächst Partei für den David RAF zu ergreifen. Außerdem wohnten Kai, Lanrue, Rio und Nikel Pallat gemeinsam am Tempelhofer Ufer 32, wo das untergetauchte RAF-Mitglied Holger Meins noch immer polizeilich gemeldet war – was diverse Hausdurchsuchungen zur Folge hatte.

Obwohl es bereits Mittag war, hatte die Scherben-Kommune am 30. November 1972 noch beim Frühstück gesessen, als ein dreißig Mann starkes, mit Bleiwesten und Maschinenpistolen ausgerüstetes Kommando der Bereitschaftspolizei das T-Ufer stürmte, alle verhaftete und 6000 „Katschis" einsammelte, weil Rios Freund Andy mit einer solchen Zwille das Wohnzimmerfenster von Frau Lincke im Haus gegenüber zerstört hatte. Ebenfalls beschlagnahmt wurden Einbruchswerkzeuge (= Schlotterers Werkzeugkasten) und vermeintliches Diebesgut (= eine Stereoanlage).

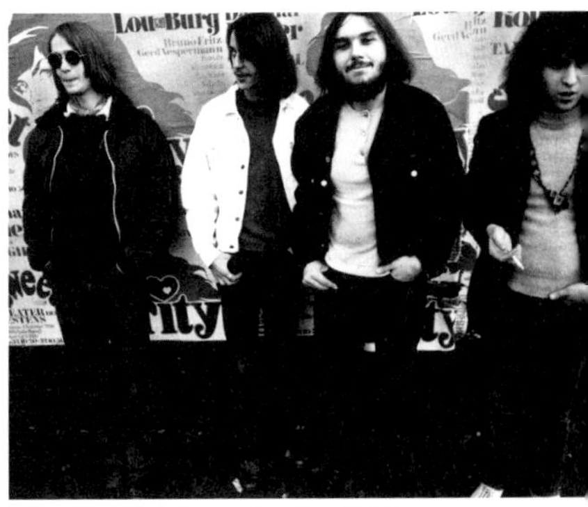

Eins der ersten Band-Fotos von Ton Steine Scherben

Doch das war erst der Auftakt. Der Staatsapparat demonstrierte in den folgenden Jahren immer wieder seine Macht und durchsuchte die schmuddelige Kommune ein ums andere Mal, sodass Rio sich schließlich angewöhnte, mit dem Personalausweis unterm Kopfkissen zu schlafen.

In Frankfurt traf sich Schlotterer mit Jan-Carl Raspe, Holger Meins und Andreas Baader, die Ton Steine Scherben aufforderten, „mal ein zünftiges Lied für die RAF" zu schreiben. „Keine Macht für Niemand", angeblich eine Auftragsproduktion der Bewegung 2. Juni, die die Hörer „schreiend aus den Hütten auf die Straßen treiben" sollte, damit sie „den Sturm auf die Paläste wagen", wurde von der höchsten Kommando-Ebene der RAF allerdings als „Blödsinn, irrelevant und für den antiimperialistischen Kampf unbrauchbar" abgetan; zu dem Titel war Rio von einem Comic im Anarcho-Blättchen *Germania* inspiriert worden.

Das Verhältnis zur RAF war deshalb ziemlich angeknackst. Immer skeptischer wurden sie aber auch, weil der Druck, den die RAF auf die Scherben ausübte, Rio schlimmer vorkam als der, den er in der Lehre zu spüren bekommen hatte, und er erkannte: „Wenn du ständig ein schlechtes Gewissen hast, weil du noch nicht schreiend mit der MP losrennst, kann das nicht das Wahre sein."

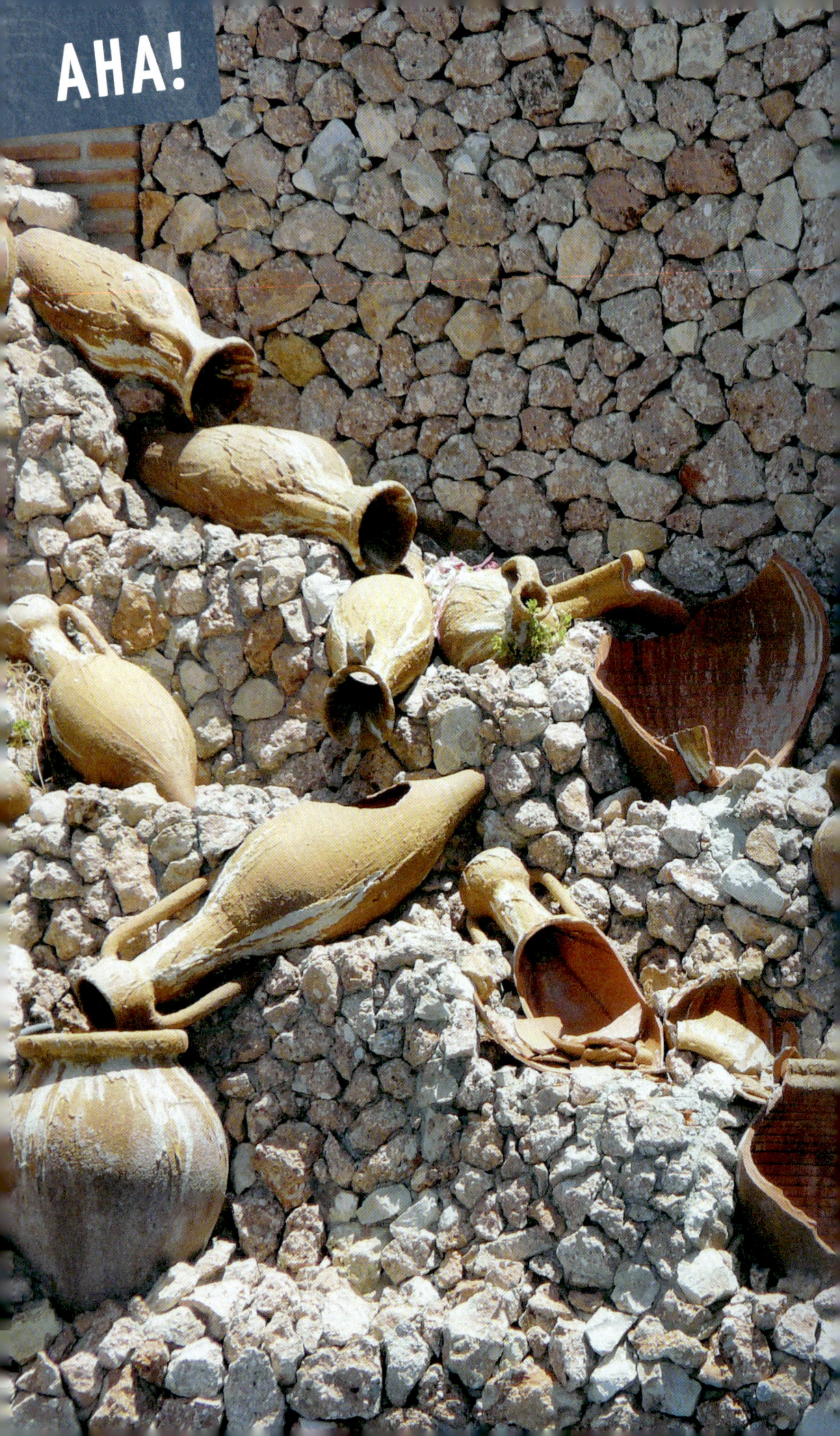
AHA!

VEB Bau Steine Erden

Rio Reiser war nicht der erste Künstlername, den Ralph Möbius trug. Diesen erhielt er von einem Freund der Familie.

Der Maler Blalla erzog ihn nicht nur zu einem „vollwertigen Schmutz-und-Schund-Soldaten", sondern taufte ihn auch im Rahmen einer „intergalaktischen Jugendweihe" feierlich in Rio de Galaxis um. Den Vornamen behielt Rio bis zu seinem Tod. Die zweite Hälfte seines späteren Künstlernamens verdankte er seinem Bruder Gert, der sich als Mitglied von Hoffmanns Comic Teater Giacomo Reiser genannt hatte, ihm das Pseudonym aber 1978 überließ, als Rio für seine Rolle in dem Film *Johnny West* einen Künstlernamen suchte, weil ihm sein bürgerlicher Name „zu sehr nach Arztromanen" klang. „Erst später", so sein Bruder, „als er den Roman *Anton Reiser* gelesen hatte", merkte er, dass dessen Autor Karl Philipp Moritz knapp 165 Jahre zuvor „genauso unter der Welt gelitten hatte, sich – wie er – fehl fühlte auf diesem Planeten, und nicht an sein sehnsüchtig angestrebtes Ziel gekommen war, als Künstler zu wirken und etwas in der Welt zu gelten."

Als Rio, Lanrue, Kai Sichtermann und Wolfgang Seidel eine Band gründeten, wollten sie sich zunächst „VEB Ton Steine Scherben" nennen, in Anspielung auf die sozialistische Industriegewerkschaft „VEB Bau Steine Erden". Auf das „VEB" verzichteten sie dann aber, weil die Abkürzung für einen volkseigenen Betrieb stand, „zu sehr nach DDR klang und überflüssige Diskussionen mit Politologen nach sich ziehen würde".

Die Namenswahl begründete Rio Reiser damit, dass erst der Ton gemacht werde, worauf die Leute Steine in die Hand nehmen würden, um anschließend Scherben folgen zu lassen – gegen den Feind, die Bullen, die Banken und das Kapital. Mitunter verwies er aber auch auf ein angebliches Zitat des Troja-Entdeckers Heinrich Schliemann, dem sie ihren Namen entnommen hätten: „Was ich fand, waren Ton, Steine, Scherben."

Das ist unser Haus!

Im Anschluss an ein Konzert von Ton Steine Scherben im Juni 1971 in der alten TU-Mensa in Berlin besetzten Jugendliche ein leerstehendes Fabrikgebäude am Kreuzberger Mariannenplatz und eröffneten darin ein selbstverwaltetes Jugendzentrum. Das Beispiel machte schnell Schule.

Im Dezember desselben Jahres wurde das ebenfalls leerstehende Bethanien-Krankenhaus unter tätiger Mithilfe der Band besetzt. In Gedenken an einen linken Aktivisten, der kurz zuvor bei einer Polizeikontrolle unter nie geklärten Umständen erschossen worden war, wurde es Georg-von-Rauch-Haus genannt.

Nach ihrer Tournee mit MC5 traten Ton Steine Scherben im März 1972 erneut in Berlin auf – auf einem Teach-in gegen die drohende Räumung des Georg-von-Rauch-Hauses im Audimax der TU. Obwohl die Scherben das Rauch-Haus im Dezember zuvor mitbesetzt hatten, durften sie den Song, den sie darüber geschrieben hatten, nicht spielen, weil „er nichts mit der Realität zu tun" habe. Der Meinung waren zumindest die Politgurus, die im Rauch-Haus mittlerweile den Ton angaben. In seinen Erinnerungen notierte Rio später verbittert: „Beim Teach-in zu spielen, das war quasi Pflicht, wir waren ja requiriert, das war wie in der DDR. Man war halt anerkannter Künstler, aber das hieß noch lange nicht, dass man sagen und singen durfte, was man wollte."

Die Scherben hielten sich an das kuriose Verbot, spielten aber nicht nur eigene Titel, sondern, gemeinsam mit Holly, einem Dylan- und Donovan-Interpreten, den sie in einem Schöneberger Club kennen gelernt hatten, auch „ein bisschen Rock'n'Roll" – Songs wie „Proud Mary", „It's All Over Now", „The Weight", „That'll Be The Day", „Donna", „Be-Bop-A-Lula" oder „Blue Suede Shoes".

Als sie daraufhin von ein paar Hardcore-Dogmatikern ausgebuht wurden, bot Rio an: „Wer gehen will, kann gehen, wer bleiben will, der bleibt.“ Die meisten blieben.

Zum endgültigen Bruch zwischen den Polit-Managern des Rauch-Hauses und den Scherben kam es dann auf einem Plenum im Tempelhofer Ufer, als Rio einem Guru eine brennende Zigarette ins Gesicht schnippte und ihm drohte, ihn umzubringen, wenn er weiterhin behauptete, sie würden den Trebegängern aus dem Rauch-Haus lediglich beibringen, wie man Drogen nimmt und „Strom-Gitarre“ spielt. Den Scherben wurde daraufhin Hausverbot erteilt.

Ihr Ruf als Hausbesetzer-Combo eilte ihnen aber voraus. Egal, wo sie in den kommenden Jahren auftraten, wurde nach einem Konzert ein Haus besetzt, und die Scherben riefen sogar dazu auf: „Wir glauben, dass es keine bessere Möglichkeit gibt, mit vielen Leuten etwas zusammen zu machen, als nach einem Rockkonzert (z. B. ein Haus ‚besichtigen‘ oder besetzen. Ist jemand hier, der kein Jugendzentrum möchte?).“

Als der Südwestfunk 1986 ein Feature über Rio Reiser produzierte und ihn dafür auch im Georg-von-Rauch-Haus filmen wollte, musste Rio jedoch feststellen, dass er dort noch immer Hausverbot hatte. Seinen Song „König von Deutschland“ durfte er weder im ehemaligen Bethanien-Krankenhaus noch auf dem Mariannenplatz singen.

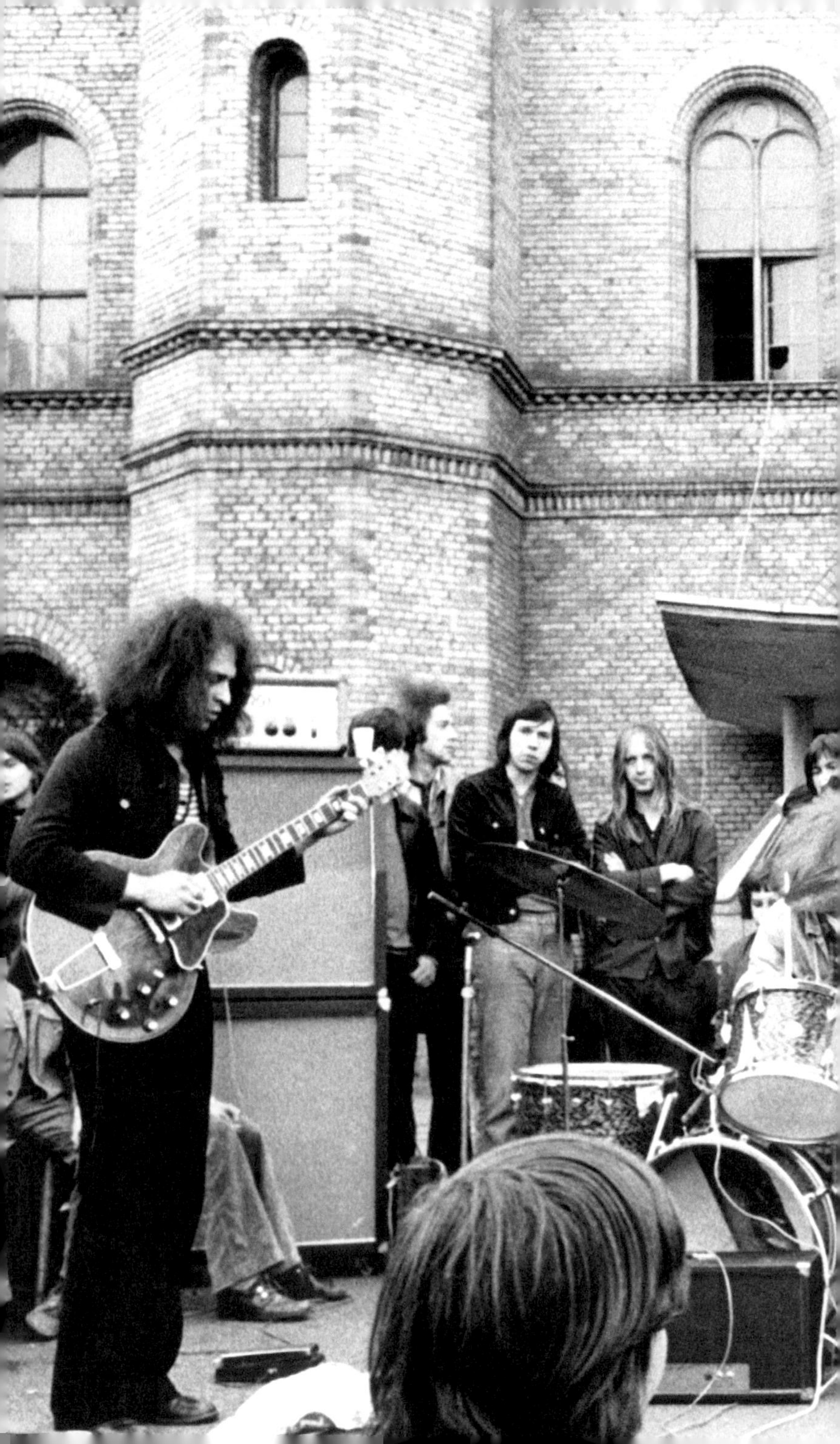

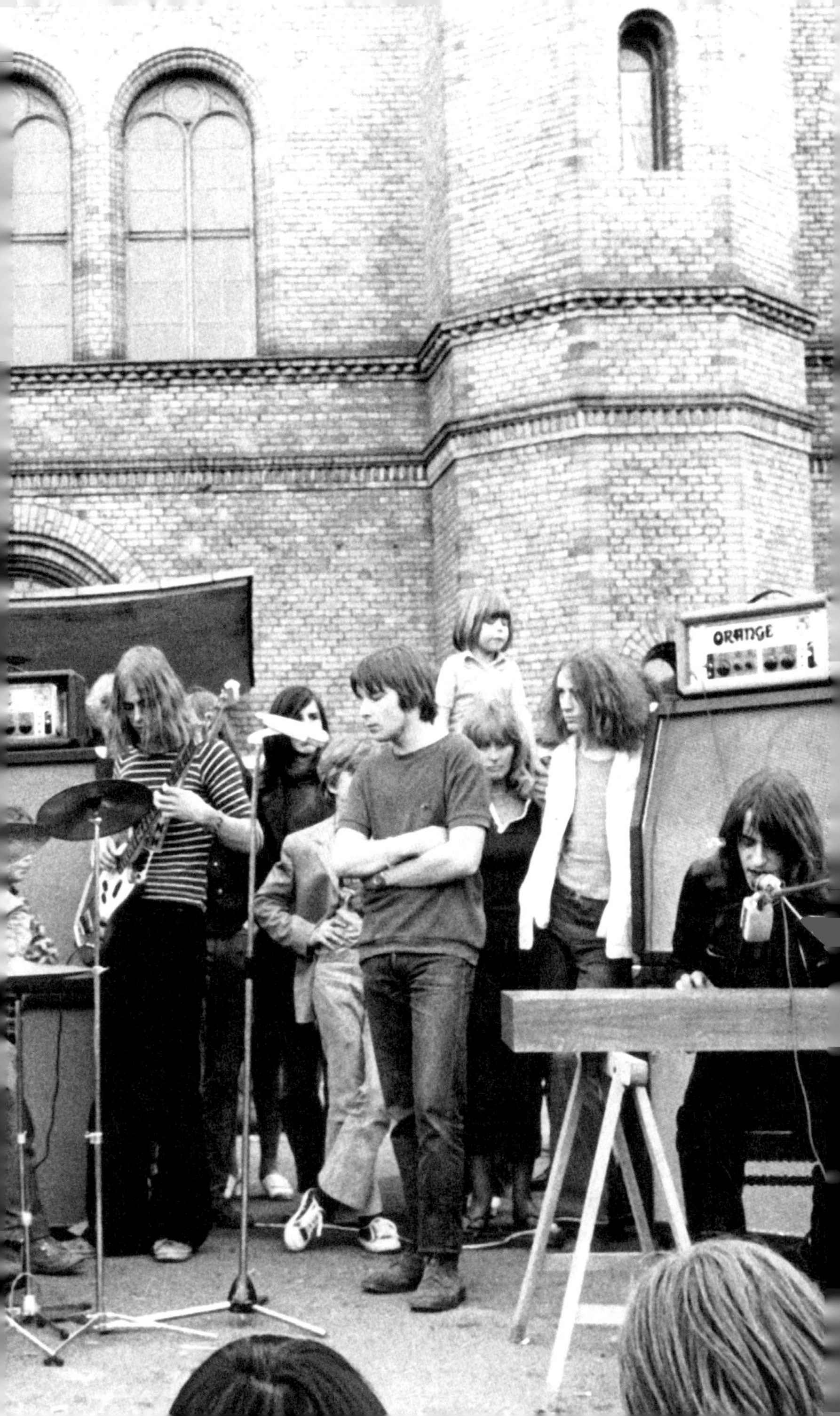
ORANGE

Verdammte Axt!

Für die Anhänger von Ton Steine Scherben war Nikel Pallat stets der Sunnyboy der Band und bandintern ein positives Gegengewicht zu Rio, der oft ins Grübeln verfiel, eine unglückliche Liebesgeschichte nach der anderen hatte und Songs darüber schrieb. Umso überraschter war man, als Pallat in der WDR-Talkshow *Ende offen* über „die andere Musik zwischen Protest und Markt“ im Dezember 1971 plötzlich eine Axt aus der Jacke zog und anfing, damit den Studiotisch zu zerhacken.

Er benötigte nur 13 Sekunden, um mit dieser Aktion Fernsehgeschichte zu schreiben. „Die Wucht seiner Intervention“, so die ehemalige Scherben-Managerin und heutige Kulturstaatsministerin Claudia Roth, „war nicht unerheblich. Nach seinem Auftritt standen die Scherben auf allen möglichen ‚schwarzen Listen‘. Ihre Musik wurde nicht mehr gespielt. Es gab keine Einladungen mehr.“

Als Ton Steine Scherben zu der Diskussion eingeladen worden waren, hatten sie sich die Besetzungsliste angesehen und waren sich einig gewesen, sich mit dieser Aktion gegen Vereinnahmungen zu wehren und darauf aufmerksam zu machen, wie wichtig es sei, sich nicht der Musikbranche auf Gedeih und Verderb auszuliefern. Nikel Pallat wurde als ihr Manager von allen Gruppenmitgliedern auserwählt, an der Diskussion teilzunehmen, und schmuggelte ein kleines Beil ins WDR-Studio. Damals war so was noch problemlos möglich, weil niemand damit rechnete. Im Anschluss an den Eklat wurden die Personenkontrollen allerdings verschärft.

Als er anfing, mit dem Beil auf den Tisch einzuschlagen, sprangen die anderen Teilnehmer der Talkshow auf und entfernten sich von dem Tisch. Ein paar Gläser, Flaschen und Aschenbecher gingen dabei kaputt, doch der Tisch widerstand den Axthieben und blieb heil, „weil er so bescheuert geleimt war". Da hätte er „noch 30 Minuten darauf rumhämmern können".

Damit seine Aktion nicht wirkungslos blieb, schraubte er aus Protest gegen das Fernsehen als „Unterdrückungsinstrument in dieser Massengesellschaft" ein paar Mikrofone ab und verkündete: „Die brauche ich für die Leute, die in den Jugendstrafanstalten sitzen." Als er eine Viertelstunde später von einem netten älteren Herrn des Wachpersonals freundlich gebeten wurde, sich zu beruhigen („Wir wollen den Abend doch halbwegs gesittet zu Ende bringen") und die Mikrofone nicht mitzunehmen, weil „sonst alles ein bisschen sehr kompliziert" würde, rückte er sie jedoch wieder heraus, „und die Sache war damit erledigt".

Die Talkshow zu später Stunde hatte kaum jemand live gesehen, weil sie damals nur regional zu empfangen war, sie sorgte jedoch schon bald bundesweit für Aufsehen, weil Werner Höfer zwei Tage später im *Internationalen Frühschoppen* darauf zu sprechen kam: „Wir sind ja hier in einer sehr zivilen Runde, es geht bei uns ja nicht so daher wie vorgestern im Dritten Programm, wo ein wildgewordener junger Mann einen Tisch zertrümmert hat. Aber lassen Sie uns trotzdem darauf anstoßen!"

Dass jemand versucht hatte, vor laufenden Kameras mit einer Axt einen Tisch zu zerstören, verbreitete sich wie ein Lauffeuer. Michael Polten, Gitarrist der hannoverschen Punk-Band Hans-A-Plast, „fand es einfach unfassbar, dass sich einer so was traut". Die Hamburger Hip-Hop-Band Fettes Brot hoffte später, dass Nikel Pallat ihre „geschäftlichen Interessen stets mit dem Forstwerkzeug durchsetzen würde, wie er es damals im Fernsehstudio vorgeführt hatte", wenn ein Plattenladen nicht genügend LPs oder CDs von ihnen einkaufe. Und Dirk Jora, der Sänger der Polit-Punk-Band Slime, nässte sich Jahre später vor Lachen ein, als er die legendäre Aktion endlich im Internet sehen konnte.

Bereut hat Nikel Pallat die Aktion jedenfalls nie. „Selbstverständlich würde ich das wieder so machen", beteuert er heute. Er bedauere nur, dass der Tisch damals heil geblieben war.

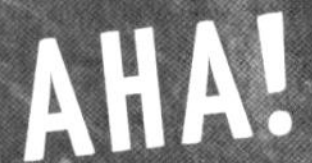

Der Herr der Pappen

Der Vater von Herbert Möbius war Kammerdiener auf einem Rittergut im Oderbruch gewesen und nach dem Zweiten Weltkrieg Hausmeister in Berlin. Und auch Rios Vater hätte man für einen Offizier halten können, legte er doch viel Wert auf preußische Tugenden wie Genauigkeit und Pünktlichkeit.

Als Siemensianer war er jedoch vom Kriegsdienst freigestellt gewesen, und er hasste den Krieg so sehr, dass seine drei Söhne Peter, Gert und Rio alias Ralph nicht mit Gewehren und Pistolen spielen durften (was sie aber nicht davon abhielt, sich heimlich welche zu basteln).

Dass hinter der Fassade des pflichtbewussten Ingenieurs ein Mensch steckte, der ähnlich kreativ war wie seine Söhne, merkten die spätestens, als er eine Blumenvase aus Pappe erfand und schließlich das Faltcover des Doppelalbums *Keine Macht für Niemand*, das noch immer einzigartig ist und in jeder Plattensammlung sofort ins Auge sticht – und sicherlich auch zum Erfolg des Albums beitrug. „Pappherr" nannten sie den Verpackungserfinder deshalb, und Gert C. Möbius veröffentlichte nach Rios Tod auf seinem Label Möbius Rekords Rios letzte Solo-LP *Himmel & Hölle* und die Alben *Am Piano 1* und *Am Piano 2* in umweltfreundlichen CD-Digipacks, die sein Vater ausgetüftelt hatte.

„Mein Vater hat Kalauer geliebt", erinnerte sich Peter Möbius 2006 in der Reiser-Biografie *Das alles und noch viel mehr*, und sei immer „einer der Hauptanstifter bei Witzgesprächen" gewesen und wenn rumgealbert wurde. Das hatte er wohl wiederum von seinem Vater geerbt, der ein Filou und Witzbold gewesen sein soll. Und diese Vorliebe vererbte er auch seinem jüngsten Sohn, dessen Tod er nicht mehr erlebte. Herbert Möbius starb am 7. Juni 1996 an Lungenkrebs, zweieinhalb Monate, bevor Rio ihm nachfolgte.

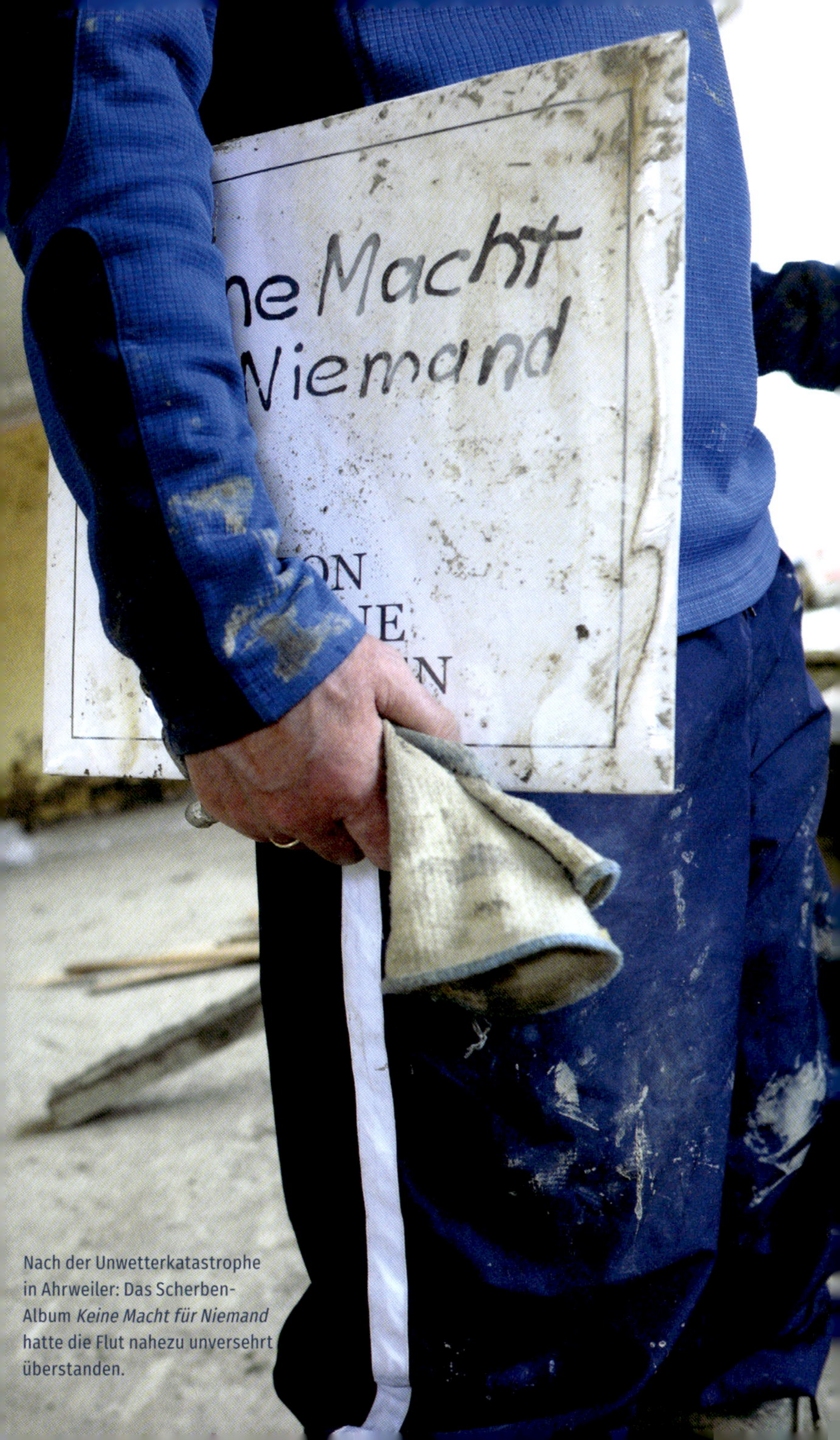

Nach der Unwetterkatastrophe in Ahrweiler: Das Scherben-Album *Keine Macht für Niemand* hatte die Flut nahezu unversehrt überstanden.

Zeit-Reise(r)

1950 Rio Reiser alias Ralph Möbius wird am 9. Januar in Berlin geboren, einen Tag später kommt Lanrue alias R.P.S. Steitz in Grenoble zur Welt.

1967 Premiere der ersten Beatoper der Welt am 2. Juli im Berliner Theater des Westens.

1971 Erster Auftritt von Ton Steine Scherben am 6. September auf dem Festival der Liebe in Fehmarn.

Nikel Pallat versucht am 3. Dezember in der WDR-Talkshow *Ende offen* einen Tisch zu zerhacken.

Das leerstehende Kreuzberger Bethanien-Krankenhaus wird besetzt und in Georg-von-Rauch-Haus umbenannt.

1972 Ton Steine Scherben gehen gemeinsam mit MC5 auf Deutschland-Tournee.

1975 Ton Steine Scherben kehren Berlin den Rücken und erwerben im nordfriesischen Fresenhagen für 50.000 D-Mark einen runtergekommenen Bauernhof.

1983 Bei der Besetzung der Hamburger Kampnagel-Fabrik tritt Rio Reiser solo auf.

1985 Ton Steine Scherben lösen sich in einer mythischen Stunde in Berlin-Schmargendorf auf.

1986 Rios Single „König von Deutschland“ schafft es bis auf Platz 27 der Charts.

Aus Protest gegen die Aids-Politik des CSU-Innenministers Peter Gauweiler droht Rio damit, nicht mehr in Bayern aufzutreten. 1987

Die Rio-Reiser-Band gibt zwei Konzerte in der Ostberliner Werner-Seelenbinder-Halle. 1988

Rio Reiser erhält den Fred Jay Preis für Texte, die er für die Schlagersängerin Marianne Rosenberg geschrieben hat.

Am 11.11. um 11:11 Uhr tritt Rio der PDS bei. 1990
Ihr Vorsitzender Gregor Gysi überreicht ihm im Bonner Brückenforum den Mitgliedsausweis.

Bei der Grundsteinlegung des Firmensitzes des Indie-Vertriebs Indigo wird ein Exemplar der Scherben-LP *Keine Macht für Niemand* ins Fundament eingegossen. 1992

Rio stirbt am 20. August in Fresenhagen. 1996

Der Verein Rio Reiser Haus e. V. wird im Oktober gegründet.

Das Archiv von Rio Reiser und Ton Steine Scherben wird nach Berlin ausgelagert.

Der Scherben-Gitarrist Lanrue emigriert nach Portugal.

Ton Steine Scherben kündigen ihren Vertrag mit der David Volksmund Produktion und veröffentlichen ihre Platten zunächst durch die neugegründete Firma Happy End. 1997

2001 Rios Mutter Erika Möbius nimmt im Dezember die posthum an Rio verliehene Eins-Live-Krone entgegen.

2003 Neugründung der David Volksmund Produktion durch Gert C. Möbius und Lanrue, die einen Lizenzvertrag mit Ton Steine Scherben abschließen.

2005 Erster Auftritt der Scherben-Family in Fresenhagen.

2006 Der Versuch, die Veröffentlichung von Hollow Skais inoffizieller Rio-Reiser-Biografie zu verhindern, scheitert.

Premiere von Elser Maxwells Film *Für immer und dich – Ein Abend in Erinnerung an Rio Reiser* in ausgewählten Kinos.

Eine 13-teilige CD-Box, die alle Platten von Ton Steine Scherben und vier CDs mit Live-Aufnahmen, raren Veröffentlichungen und neuen Abmischungen ausgesuchter Songs enthält, erscheint.

2007 Der Elektronikfachmarkt MediaMarkt bewirbt mit Rios Song „König von Deutschland“ die „größte Sauerei aller Zeiten“.

Kai Sichtermann, Funky Götzner, Nikel Pallat und Martin Paul kündigen ihren Lizenzvertrag mit der David Volksmund Produktion fristgerecht zum 31.12.

Eröffnung des Scherben-/Rio-Reiser-Museums in Fresenhagen.

2008 Die Berliner Geschichtswerkstatt veranstaltet erstmals eine Dampferfahrt auf der Spree in Erinnerung an Rio Reiser.

Kai Sichtermann tritt aus dem Rio Reiser Verein aus, 2009
nachdem er und die Scherben auf einer Vereinssitzung von Gert C. Möbius als „hier unerwünscht" bezeichnet wurden.

Ton Steine Scherben veröffentlichen wegen ausstehender 2010
Lizenzzahlungen eine Notausgabe, die schon bald vom Berliner Landgericht verboten wird.

Das Fresenhagener Rio Reiser Haus wird verkauft; Rio wird daraufhin 2011 umgebettet.

Marius del Mestre und Akki Schulz gründen Scherbe kontra Bass.

Anlässlich der posthumen Verleihung des LGBTQIA-Filmpreises Teddy Award an Rio Reiser stehen Ton Steine Scherben erstmals seit dem Tod ihres Sängers wieder in Orginalbesetzung auf der Bühne.

Ton Steine Scherben verklagen die David Volksmund 2011
Produktion wegen ausstehender Lizenzzahlungen. Das Landgericht Berlin fällt ein Teilurteil und verurteilt Gert C. Möbius und die David Volksmund Produktion zur Rechenschaft.

Der Parlamentarische Staatssekretär Hermann Kues beantwortet im Bundestag Anfragen von Frank-Walter Steinmeier und anderen SPD-Abgeordneten an die Bundesfamilienministerin Kristina Schröder, ob sie Liedzeilen von Ton Steine Scherben Symbolen und Sprüchen des Linksextremismus zuordnet und das Anhören der Titel „Keine Macht für Niemand" und „Macht kaputt, was euch kaputt macht" durch Schüler*innen für jugendgefährdend hält.

2012 Gert C. Möbius und die David Volksmund Produktion erkennen Lizenzforderungen der Scherben teilweise an.

Im westfälischen Unna, dem Wohnsitz von Rios Bruder Peter Möbius, wird ein Weg nach Rio Reiser benannt.

Die Browse Gallery Berlin zeigt die Ausstellung *40 Jahre Keine Macht für Niemand.*

Der Scherben-Drummer Funky K. Götzner überlebt bei einem Open-Air-Auftritt der Scherben-Family in Eschwege einen Herzinfakt auf der Bühne.

2013 Eine Buchprüfung ergibt, dass Gert C. Möbius die Herstellungskosten der Ton-Steine-Scherben-Platten durch bewusste und teilweise betrügerische Falschbuchungen um ca. 30.000 Euro zu hoch ausgewiesen hat, was etwa einem Fünftel der Lizenzen entspricht.

Auf den erneuerbaren Lesetagen *Lesen ohne Atomstrom* liest Hollow Skai aus seiner Rio-Reiser-Biografie *Das alles und noch viel mehr* und wird musikalisch unterstützt von der Scherben-Family, Jan Plewka, Jan Delay, Marlene Jaschke und Corny Littmann.

Am Haus Tempelhofer Ufer 32, in dem Ton Steine Scherben von 1971 bis 1975 gelebt haben, wird eine Berliner Gedenktafel angebracht.

2014 Im April gehen Lanrue und Ton Steine Scherben auf Tournee, die unter dem Motto „Ding Ding Dang Dang“ steht.

Der Bauernhof in Fresenhagen, in dem einst Ton Steine Scherben gelebt haben, wird zwangsversteigert.

Kai Sichtermann und Funky K. Götzner gehen mit dem fränkischen Liedermacher Gymmick unter dem Namen Ton Steine Scherben auf Tournee. **2015**

Die *Black Box Rio Reiser* wird veröffentlicht. **2016**

Jan Plewka und die Schwarz-Rote Heilsarmee feiern mit ihrem Liederabend *Wann, wenn nicht jetzt* im Hamburger Kampnagel-Theater Premiere. **2019**

Mit der Unterstützung des Kultursenators wird in Berlin das angeblich 50-jährige Bestehen von Ton Steine Scherben zelebriert. **2021**

In Anwesenheit der Kulturstaatsministerin Claudia Roth wird der Kreuzberger Heinrich-Platz in Rio-Reiser-Platz umbenannt. **2022**

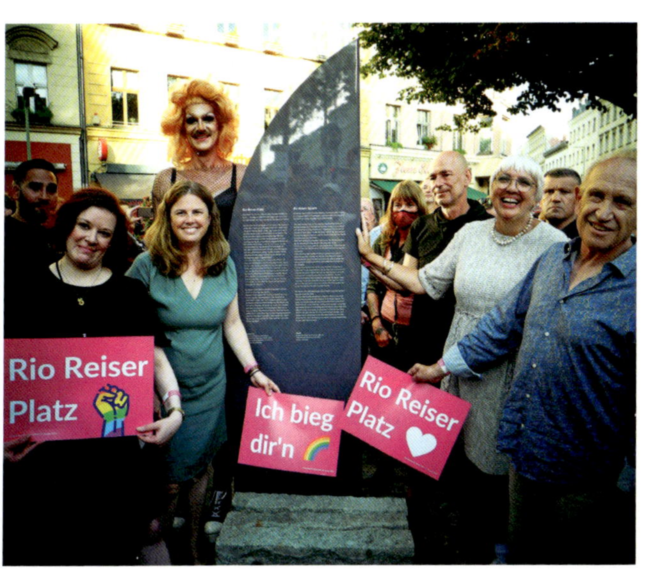

Schwul, dekadent und unproletarisch

Schwul zu sein galt sogar in linken Kreisen lange Zeit als „dekadent und unproletarisch“. Wohl auch deshalb ist Rio nicht herumgerannt und hat gebrüllt: „Ey, sag mal, Alter, weißt du auch, dass ich schwul bin?“ Das sei nicht „sein Ding“ gewesen, erzählte er 1994 in einem Interview mit dem Stadtmagazin *Zitty*.

Vielen Frauen war seine geschlechtliche Orientierung somit auch nicht bekannt, und sie verliebten sich in ihn. Sobald sie merkten, dass Rio „vom anderen Ufer“ war, hätten sie dann eben „Lanrue oder den Rest der Scherben“ abgestaubt, wie Rios Freundin Anne Reiche beobachtete. So wie Christine Schily, die erste Frau des späteren Bundesinnenministers, die sich in Rio verliebte, als sie mit Schlotterer zusammen war, dem Rio mit auf den Weg gab: „Orpheus darf sich nicht umsehen, ob Eurydike ihm folgt. Tut er’s doch, dann entschwindet sie.“

Zu Beginn der Scherben-Ära war Rio eine Zeit lang mit Raymond Fleschner von den Roten Steinen zusammen gewesen; die beiden hatten zusammengeklebt „wie Pat und Patachon“. Sein Coming-out hatte er mit einem hübschen, blonden 16-jährigen Einzelhandelskaufmann aus der Herrenoberbekleidungsabteilung von Karstadt.

Im Georg-von-Rauch-Haus lernte er dann Andy kennen, einen Stricher vom Bahnhof Zoo, der mit einem Kumpel vorübergehend im T-Ufer wohnte, wie die Scherben-Kommune schon bald genannt wurde. Und als eine weitere Gruppe von Jugendlichen aus Rios alter Heimat Nieder-Roden nach Berlin übersiedelte, war

Konnte das Unglück schon riechen, wenn Rio sich wieder mal verliebte – Corny Littmann

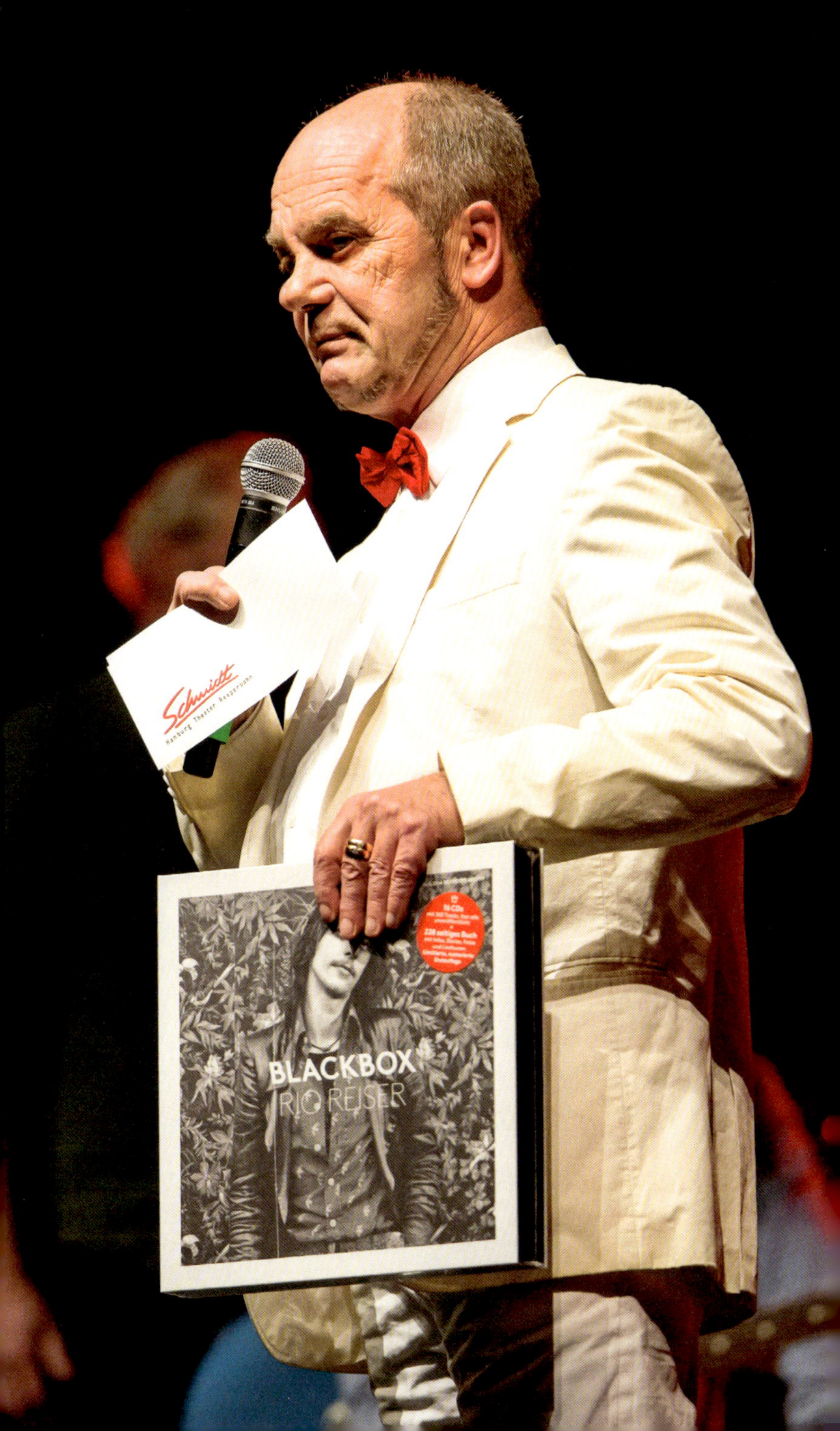
Schmidt
Hamburg Theater Reeperbahn
BLACKBOX
RIO REISER

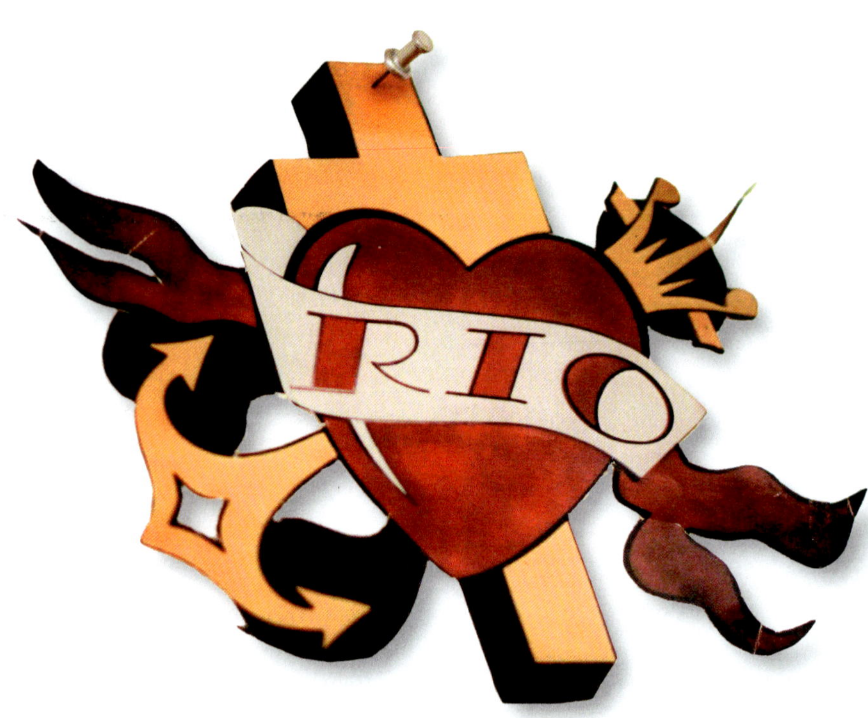

darunter auch ein gewisser Lost Pellkar, in den Rio sich auf Trip und zur Musik von Pink Floyds *Atomheart Mother* verliebte. „Der Erfinder der Pellkartoffel" war „unschuldig und schön" und überbrachte ihm „Nachrichten von der dunklen Seite des Mondes", war blöderweise aber mit einer Moni aus Offenbach liiert.

In der Bandzeitung *Guten Morgen* antwortete Rio auf die Frage, ob er sich vorstellen könne, mit einem Menschen ein ganzes Leben lang zusammen zu sein: „Ja, wenn's nicht 24 Stunden am Tag und 365 Tage im Jahr ist." Liebe war für ihn, „wenn Leute sich gegenseitig das Leben leichter machen, ohne was dafür voneinander zu erwarten". Doch allzu häufig musste Rio erkennen, dass „Schwulsein bei der Linken nicht en vogue" war. Seine langen Haare erregten bei linken Studenten Anstoß, weil sie, wie sie sagten, ihre „latente Homosexualität“ weckten. Und wenn er nach einem Konzert am liebsten „mit jemandem“ ins Bett gegangen wäre, um nicht so allein zu sein, musste er erst noch mit den Bewohnern der WG, in der die Scherben untergebracht waren, über den politischen Kampf diskutieren.

Aus der Sicht eines Schwulen war es deshalb völlig widersinnig, auch noch aus der Großstadt in die Provinz, von Berlin nach Fresenhagen zu ziehen, wo man höchstens mal in der Disco in Niebüll mit jemand anbändeln konnte. Zumal wenn man sich von proletarischen Jugendlichen angezogen fühlte, denen man nicht unbedingt ansah, dass sie schwul sind – und die es auch häufig nicht waren.

Im Grunde habe man das Unglück schon riechen können, wenn Rio sich wieder mal in einen hübschen Jungen verliebte, meinte Corny Littmann, der Intendant des Hamburger Schmidt-Theaters und ehemalige Präsident des FC St. Pauli. Rios Sexualität sei für die meisten Mitglieder der Scherben-Community eine fremde Welt gewesen, und sie hätten mit seinem Schwulsein mindestens genauso viele Probleme gehabt wie er selbst. Zwar habe man sich nach außen hin liberal gegeben, im Kern sei man jedoch ähnlich spießig gewesen wie die meisten Heteros.

Zudem hatte Rio sich nie in schwulen Kreisen bewegt, nie einen Gay Guide mit auf Tour genommen oder sich erkundigt, wo sich denn Schwule treffen würden. Littmann: „Wenn er nicht so schüchtern und verklemmt und unsicher gewesen wäre, wäre er der prädestinierte Freier gewesen, der in Stricher-Kneipen geht und sich die jungen Prolls rausholt.“

Stattdessen habe er seine Freunde bemuttert und gefördert, wo und wie er nur konnte. Er hat nie verheimlicht, dass er schwul war, es aber auch nicht allzu wichtig gefunden, dass jeder wusste, worum es in Songs wie „Komm schlaf bei mir“ oder „Lass uns‘n Wunder sein“ ging – nämlich um einen Jungen und nicht um ein Mädchen.

Fluchtpunkt Fresenhagen

Wer von Hamburg nach Sylt fährt, kommt direkt daran vorbei. An der B 199 zwischen Stadum und Leck liegt Fresenhagen. Durchquert man das Dorf bis zum Ende, gelangt man zu dem wohl am meisten mystifizierten Ort der deutschen Rockmusik, einem weißgetünchten Bauernhof, dessen Auffahrt von Ulmen gesäumt ist.

Dorthin hatte es 1975 die Kreuzberger Band Ton Steine Scherben verschlagen. Frustriert von der Linken hatten die Bandmitglieder Berlin den Rücken gekehrt und waren aufs Land gezogen.

Ein Sturm hatte damals Teile des halbverfaulten Reetdachs hinweggefegt, sodass man von den Wohnräumen durch den Dachstuhl hindurch beobachten konnte, wie die Wolken über Nordfriesland hinwegziehen. Das Mauerwerk war schimmelig, die Decken und Wände waren voll von Wasserflecken, und in dem rund 600 Quadratmeter großen Haus war praktisch nur die Küche bewohnbar.

Um zu überleben, legte die Band einen Gemüsegarten an und half ihren Nachbarn bei der Ernte. Letztlich trotzte sie in Fresenhagen 11 nur ein paar Jahre lang den widrigen politischen Verhältnissen sowie den nordfriesischen Wintern und produzierte Kinderhörspiele, Theater- und Filmmusiken. Ihr 1981 dort entstandenes viertes Album begründete jedoch den Mythos, der Ort verfüge über magische Kräfte, und Fresenhagen wurde zum Symbol für die deutsche Alternativbewegung der 1970er Jahre und ein anderes Lebensgefühl.

Zwar wurde der Hof auch schon mal von zwei Hundertschaften Bereitschaftspolizei durchsucht, weil man ihn in Zeiten der RAF-Hysterie für eine Terrorzelle hielt, die beiden Köpfe der rocken-

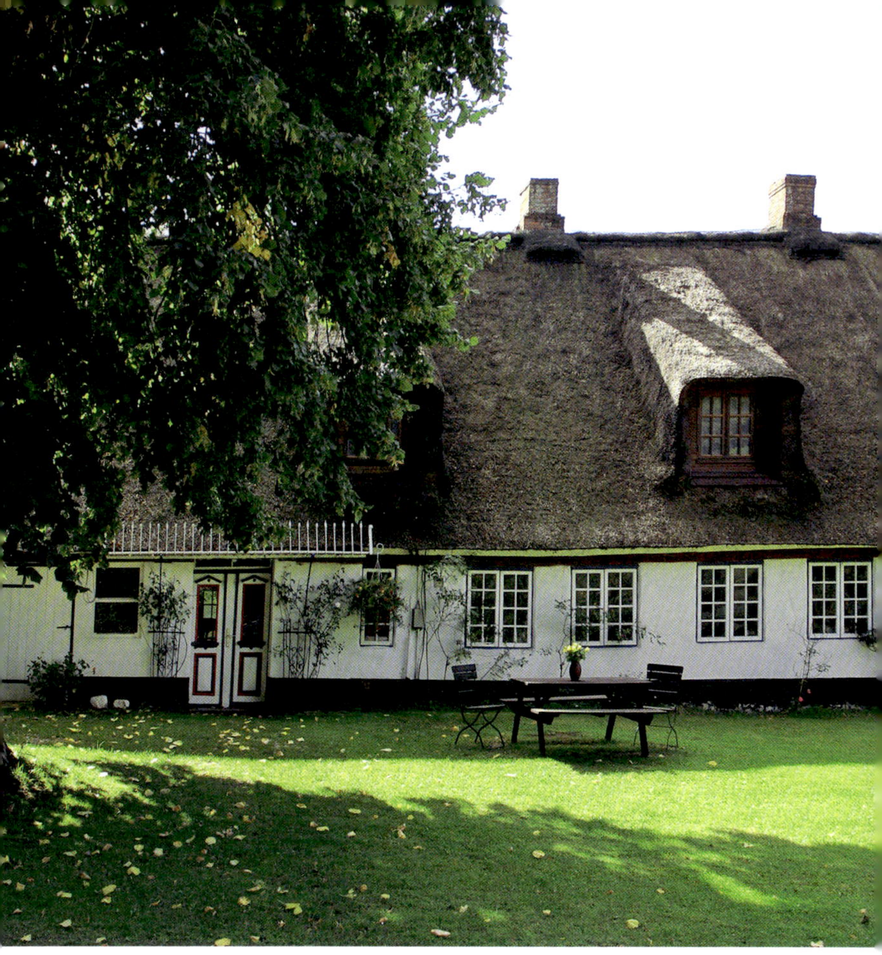

Für die deutsche Geschichte so wichtig wie das Goethehaus für den Weimar-Kult: der Scherben-Hof in Fresenhagen

den Landkommune, ihr Sänger Rio Reiser und ihr Gitarrist Lanrue, blieben dort aber auch nach der Auflösung der Band 1985 wohnen. Und von seiner Atmosphäre wurden Die Ärzte ebenso inspiriert wie Kettcar oder Die Sterne, die sich später dort einquartierten, um Platten vorzubereiten oder aufzunehmen.

„Für die deutsche Geschichte seit 1968“, stellte die *Süddeutsche Zeitung* somit nach Rios Tod zu Recht fest, sei Fresenhagen so wichtig „wie das Goethehaus für den Weimar-Kult“.

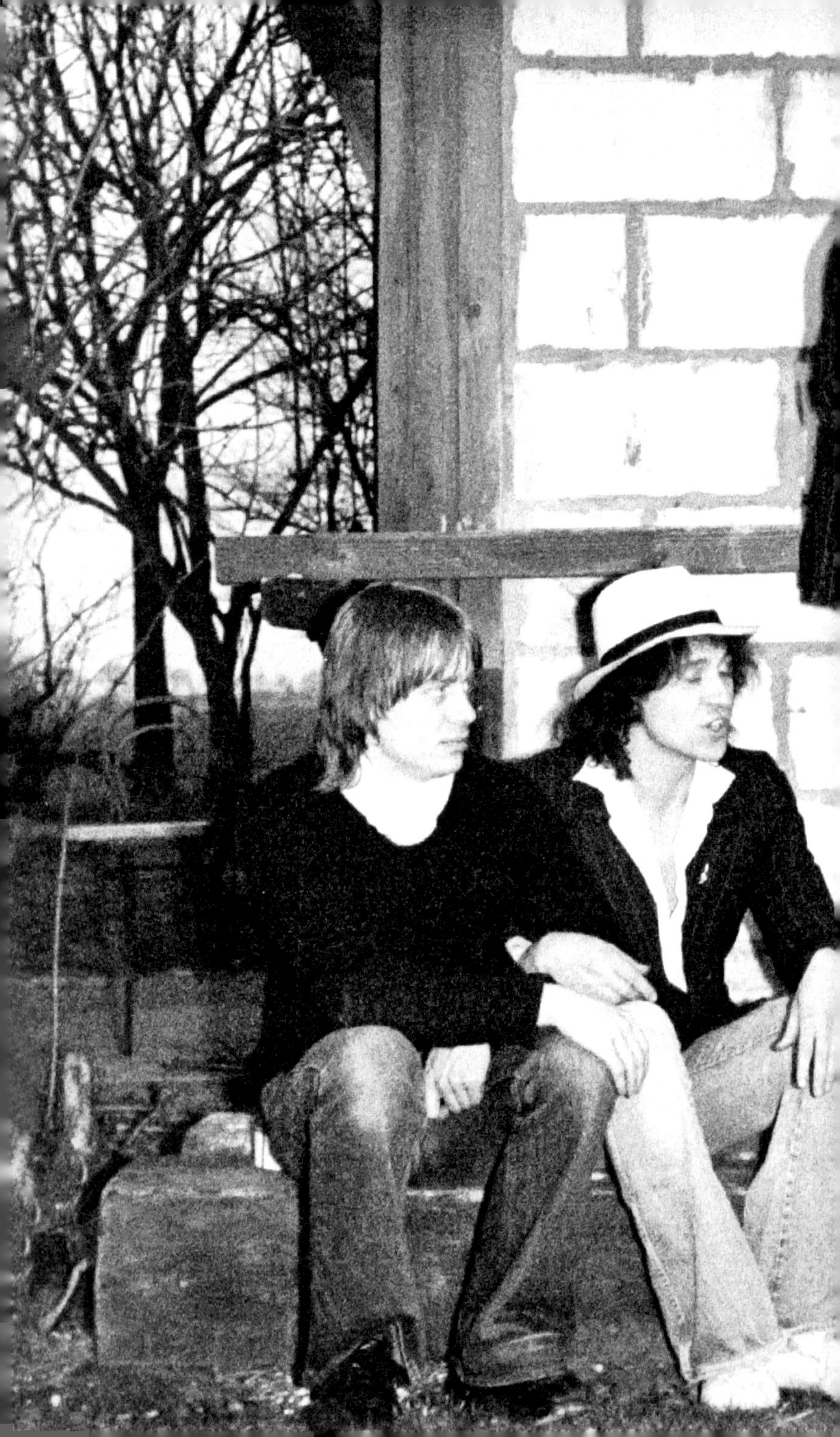

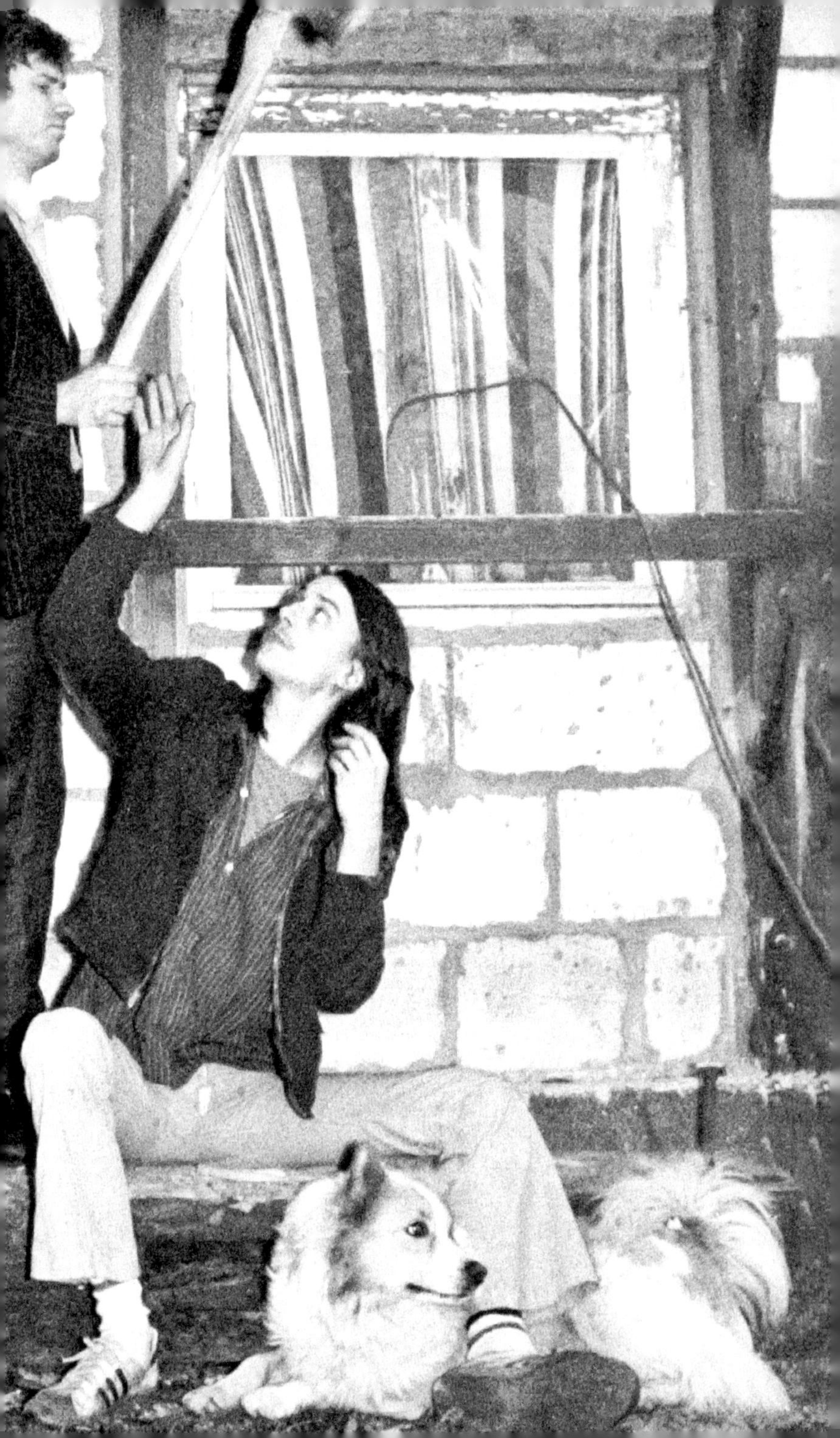

Die Schwarze

Die Aufnahmen für das Doppelalbum *Die Schwarze* waren eine „Explosion an Kreativität“ und ein „Fest an Experimentierfreudigkeit“. Niemals zuvor und nie danach hätten sie „so intensiv und konzentriert zusammengelebt und Musik gemacht“, erinnerte sich der Bassist Kai Sichtermann einmal. Ohne ihre fünfjährige Auszeit wäre es aber vielleicht nie dazu gekommen.

Die Pause war nötig gewesen, weil die Band einen Reifeprozess durchlebt hatte, ihre Fans das aber nicht akzeptieren, sondern auch weiterhin „die Revoluzzer-Band mit den Parolen zum Mitgrölen“ hören wollten, wie Nikel Pallat sich in seiner Autobiografie erinnert.

Mithilfe von Tarotkarten ermittelten Ton Steine Scherben Anfang der 1980er Jahre, wer welchen Text schreiben und wer dazu die Musik komponieren sollte. Auf astrologischer Basis errechneten sie, wann es am besten wäre, mit der Produktion einer neuen Platte anzufangen, die schlicht *IV* betitelt, wegen seines ursprünglich völlig schwarzen Covers, das weder ihren Bandnamen noch den Albumtitel enthielt, aber schon bald als *Die Schwarze* bezeichnet wurde.

Hannes Eyber, der das Album produzierte, kam sich dabei vor wie auf einem Trip in eine andere Galaxis: „Fresenhagen hatte sein eigenes Zeitmaß. Du kamst in Niebüll mit dem Zug an und konntest deine Uhr wegschmeißen – alle Zeitstrukturen, an die du gewöhnt warst, galten nicht mehr. Fresenhagen war eine andere Welt, hatte sein eigenes Klima. Das galt für alle Leute, die da ankamen, egal, ob es nun Freunde, Familie, Bekannte, Musiker oder Gerichtsvollzieher waren. Mit dem Eintritt durch das Hoftor waren alle wie verzaubert.“ Und Eyber spürte geradezu, wie er sich geistig und körperlich veränderte und im Laufe der

Produktion zusehends in einen rauschartigen Zustand verfiel. Die „obligatorische Whiskyflasche“, Koks, Opium-Tee, LSD und „magische Pilze“ beflügelten die Scherben nachhaltig und festigten ihren Status als Band, die sich von niemandem etwas vorschreiben ließ.

Mitunter nahm das allerdings auch unbarmherzige Züge an, beispielsweise, als Rio den armen Funky einen ebenfalls obligatorischen Karl-May-Titel, „Der Fremde aus Indien“, so lange, insgesamt 16 (!) Stunden, spielen ließ, bis ihm ein bestimmter Schlagzeugwirbel gefiel, der als „Sechzehnstundenwirbel“ Einzug in die Bandhistorie hielt.

Nicht alle Fans konnten damit etwas anfangen. So störte Ted Gaier von den Goldenen Zitronen sich noch mehr als 25 Jahre später daran, dass Rio Texte nuschelte und kiekste, „die wahlweise absurd assoziativ, kindisch oder tiefsinnig“ wären und die Band „zwischen Spinal-Tap-artigem Zwergentanz und ehrlichen Rock-Riffs“ lavierte. Als „Propagandawaffe zur Hebung der Kampfmoral“ während der Häuserkämpfe der 1980er Jahre hätte das 1972er Album *Keine Macht für Niemand* noch immer ausgereicht.

Für undogmatischere Scherben-Fans war die *IV* hingegen das, was das Album *Exile On Main Street* für die Rolling Stones oder *London Calling* für The Clash war – der musikalische Höhepunkt ihrer Karriere. Und der Keyboarder Martin Paul, der aus dem New Jazz kam und bläserorientierte Musik im Stil von Blood, Sweat & Tears oder Chicago machte, willigte sofort ein, als Rio ihn fragte, ob er mit den Scherben auf Tour gehen wolle, weil *Die Schwarze* „textlich und auch musikalisch ein völlig neues Genre“ darstellte. Die Tour war dann zwar auch sehr gut besucht, brach der Band jedoch finanziell das Genick, weil sie mit dem Equipment einer international erfolgreichen Band unterwegs war, die gewollt niedrigen Eintrittspreise aber nicht ausreichten, um die Kosten zu decken. Am Ende der sogenannten Elser-Tour hatten sich 200.000 D-Mark Schulden angehäuft, sodass letztlich nur noch eine Möglichkeit blieb: die Band aufzulösen.

Einen alten Baum verpflanzt man nicht

Einem weitverbreiteten Narrativ zufolge lösten sich Ton Steine Scherben 1985 „in einer mystischen Stunde" auf.

Die Villa in der Karlsbader Straße im Berliner Stadtteil Schmargendorf, in der Rio Reiser im Mai 1985 ein Soloalbum seines Freundes Misha Schöneberg produzierte, war ein Fünfzigerjahre-Traum mit südländischem Touch. Den Dachboden hatte sich der Spliff-Bassist und Nena-Produzent Manne Praeker, der dort mit Elfie Steitz lebte, der Schwester des Scherben-Gitarristen R.P.S. Lanrue, zum Studio ausgebaut. Vom Wohnzimmer aus gelangte man in einen großen Garten, in dem man vor den Blicken neugieriger Nachbarn geschützt war. Der knallrote Teppichboden wies bereits ein paar Rotwein- und Brandflecken auf, und wer genau hinguckte, konnte ein paar Löcher in der Auslegeware entdecken, wie sie oft dort entstehen, wo Joints gedreht werden. Das rosafarbene, größtenteils verspiegelte Bad war mit einem Whirlpool ausgestattet, und im ganzen Haus hing ein seltsamer süßsaurer Geruch.

Die Mitglieder von Ton Steine Scherben wohnten zu der Zeit schon länger nicht mehr alle und nicht ständig auf jenem Bauernhof in Fresenhagen, der zehn Jahre lang ihr Domizil, ihre Produktionsstätte und ihr Fluchtpunkt gewesen war. Die „Familie" war in alle Winde zerstreut, und Rio erinnerte sich später im hannoverschen Stadtmagazin *Schädelspalter*: „Wir hatten zwar noch Kontakt, aber es gab nicht mehr diesen Druck, zusammen leben, zusammen lieben, zusammen arbeiten zu müssen." Seine von Annette Humpe (Ideal) und Gareth Jones (Depeche Mode) produzierte Solosingle „Dr. Sommer" war im Jahr zuvor veröffentlicht worden und hatte bei dem *Musikexpress*-Rezensenten Rainer

B. Jogschies schon nach zweifachem Hören „akuten Sonnenbrand“ ausgelöst, doch irgendwie war alles „nur noch so, wie es ist“. Der ersehnte kommerzielle Erfolg war ausgeblieben, die Single auf dem Weg in die Charts verhungert, und durch den Niedergang der Neuen Deutschen Welle war auch die Situation unabhängiger Labels wie der Scherben-eigenen David Volksmund Produktion immer prekärer geworden. Von einem Wechsel zur Industrie erhoffte man sich die Lösung der finanziellen Probleme, die ein Weiterarbeiten schier unmöglich machten. Die Plattenfirmen CBS, WEA und das EMI-Label Musikant hatten jedoch nicht gerade mit dicken Schecks gewedelt, als die Scherben-Managerin Claudia Roth ihnen Demos von „Alles Lüge“, „Junimond“, „Lass mich los“ und „Runter zum Hafen“ anbot. Die einzig interessante Offerte hatte die Teldec gemacht, sie dann aber überraschend wieder zurückgezogen – angeblich aus politischen Gründen.

Kein Wunder also, dass Rio Reiser eines Abends kurz vor dem Einschlafen der Gedanke befiel, solo weiterzumachen und „auf den Strich zu gehen“, wie er in seiner Autobiografie *König von Deutschland* schrieb: „Ich war bereit, mich einer Plattenfirma hinzugeben.“ Mit Haut und Haaren diesmal und nicht mehr so halbherzig wie im Fall von „Dr. Sommer“.

Auch für seinen Freund und Gitarristen Lanrue war es vorbei. Auch er hatte das Gefühl, dass die Band, die der Bewegung 2. Juni nahegestanden, zahlreiche Hausbesetzungen initiiert, die Emanzipation der Schwulen und Frauen auf ihre Fahnen geschrieben und die Friedensbewegung ebenso unterstützt hatte wie die Grünen, dass diese schon damals legendäre Band also am Ende angelangt war und nichts mehr zu sagen hatte. Die Scherben waren seiner Meinung nach nur noch geschäftlich miteinander verbunden, und darauf hatte er „überhaupt keinen Bock“. Vor allem war ihm aber auch der Name Ton Steine Scherben, der seit 15 Jahren eng mit der unabhängigen Produktion von Musik verbunden war, heilig, und er wollte ihn nicht durch das Überwechseln ins gegnerische Lager besudeln. Einen alten Baum verpflanzt man schließlich nicht.

Nicht alle waren zur letzten Gruppenbesprechung erschienen. Der Gitarrist Dirk Schlömer, der Marius del Mestre 1983 ersetzt hatte, war kurz zuvor ausgestiegen. Und der Keyboarder Martin Paul Hartmann, die Managerin Claudia Roth und ihr Freund, der Perkussionist Richard Herten, den man nicht zuletzt ihr zuliebe in die Band integriert hatte, waren nicht eingeladen worden, vermutlich weil man sich eine längere Diskussion ersparen wollte. Nur der harte Kern, die „Ur-Scherben“ Lanrue, Kai Sichtermann und Funky K. Götzner, nahm an dem Treffen in Manne Praekers Villa teil, das von Rio einberufen worden war.

Was später als „mystische Stunde“ bezeichnet wurde, war also in Wirklichkeit ein ziemlich gewöhnlicher, unspektakulärer Nachmittag. Die Würfel waren schon vorher gefallen. Man kann nicht duschen, ohne nass zu werden, hatte Lanrue seinen Unwillen, einen Pakt mit der Plattenindustrie zu schließen, begründet. Ein zur Unterzeichnung bereitliegender Plattenvertrag wanderte folgerichtig ohne große Diskussion in den Papierkorb, schon allein deswegen, weil er nicht hoch genug dotiert war. Wenn man sich schon verkaufte, sollte wenigstens etwas dabei herausspringen.

Die Schulden, die sich nach der sogenannten Elser-Tour 1982 angehäuft hatten, wurden „sehr demokratisch und sehr klar auseinanderdividiert“ und „proportional verteilt“, sodass jeder ein paar Rechnungen erhielt, die er zu begleichen hatte. Kai Sichtermann holte aus einer nahegelegenen Kneipe noch drei Flaschen Sekt – für mehr reichte das Geld nicht –, dann umarmte und herzte man sich noch einmal liebevoll und ging auseinander. Die legendäre Deutsch-Rock-Band Ton Steine Scherben hatte sich sang- und klanglos aufgelöst, nicht mit einem Knall, sondern mit einem Küsschen.

Fünfzehn Jahre lang hatten sie es geschafft, unabhängig zu bleiben und sich von niemandem etwas diktieren zu lassen. Fünfzehn Jahre lang waren sie „das Modell eines Lebens" gewesen, „das die Widersprüche und Zwänge des Systems scheinbar ausgehebelt hatte", verbandelt „mit mehr oder weniger allen linken Bewegungen der siebziger und frühen achtziger Jahre – vom Klassenkampf mit Proletariat als gedachtem revolutionären Subjekt, über die Radikalisierung des Privaten und dem Aufbau einer Kommune, bis zum Umzug aufs Land" (Ted Gaier). 15 Jahre lang hatten sie sich von niemandem zähmen lassen und, wie Caroline Fetscher 1983 in der Zeitschrift *konkret* schrieb, „keiner Mode gehorcht, sich nicht funktionalisieren lassen, den Deckel jeder Kiste gesprengt, in die man sie gesteckt hat, keinen Promoter den Rahm ihres Erfolges abschöpfen lassen, nicht zugelassen, dass die Schrumpfkopfjäger der Medien sie abhäuten". Jetzt aber zogen Rio und Funky wieder nach Kreuzberg, in die Waldemarstraße 66, gegenüber vom Georg-von-Rauch-Haus. Funky wohnte im Hinter-, Rio im Vorderhaus. „Er ging zu Sony, ich ging zum Sozi."

Kai Sichtermann hoffte, dass Rio künftig „die Widersprüche zwischen Bühne und Wirklichkeit, zwischen seinen Texten und seiner Person" auflösen könnte oder wenigstens in den Griff bekäme. Dass er Erfolg haben und der Erfolg ihm „Bestätigung und ein wenig innere Ruhe" bringen, kurz: dass die „Diskrepanz zwischen dem Bühnen-Heiligen und dem privaten Dämon" nicht noch größer würde. Doch der Traum von der Freien Republik Fresenhagen, einem anderen Leben im falschen, er war nun aus. Und wer sich erkundigte, was die einzelnen Musiker jetzt machen wollten, dem erklärte Lanrue lakonisch: „Wir werden uns auch in Zukunft nicht langweilen."

Solo für Sony

Von den Mitarbeitenden der Plattenfirma CBS wurde Rio Reiser als „herzlich geschätzte Kultfigur“ empfangen. Er genoss ein „tierisches Wohlwollen“, erinnerte sich sein Product Manager Markus Linde, war aber „unglaublich schüchtern“. Sein Manager George Glueck schirmte ihn total ab und sei immer gleich zum Chef Jochen Leuschner gelaufen, wenn etwas nicht so lief, wie er sich das vorstellte.

Glueck hatte eine Vision, ließ seinen nicht mehr ganz jungen Schützling bei Promo-Terminen stets einen Schal tragen und engagierte einen renommierten Düsseldorfer Fotografen, hunderte von Fotos von Rio zu schießen, bis seine Haare richtig fielen.

Rio besaß bei CBS „Top-Priorität“, beteuerte auch der damalige Marketing Director Hubert Wandjo. „Wir haben ihn geliebt, standen ihm nahe, waren passionierte Fans, und er hat uns auch nie nur als Plattenfirma behandelt.“ Für die „family of music“, die heutige Sony, und deren Columbia-Label war Rio ein Markenzeichen, das gehegt und gepflegt wurde, auf dessen „kreative Seite“ man aber keinen Einfluss hatte, darauf hatte Rio stets bestanden.

Sein erstes Soloalbum enthielt eine Menge guter Songs, angefangen bei „Alles Lüge“, einem „kleinen albernen Song mit 'nem ganz lustigen Refrain“, den er bereits 1976 für den SPD-Wahlkampf geschrieben hatte und der im Wahlkampf 1986 zum Slogan eines Werbespots der Grünen wurde. Der Text enthielt, wie Ulla Meinecke fand, „derart komische Bilder, die keinem der magengesichtigen Berufskomiker jemals einfallen würden“. Ihr imponierte, dass er die Sprache „von ihrem Dienst als Kommunikationssklave“ entlastete: „Die Worte dürfen sich frei bewegen, und gelegentlich stellt er sie auf den Kopf, um zu sehen, was da so aus den Taschen fällt.“

Den nächsten Song, „Lass uns das Ding drehn“, hatte Rio ebenfalls schon früher, 1982, geschrieben, für den Film *Schwarzfahrer* von Manfred Stelzer, er war damals aber nicht verwendet worden. Für die Frauenzeitschrift *Emma* war es „das schönste Liebeslied des Jahres (mindestens)“ und zugleich „die schönste Aufforderung zu strafbaren Handlungen“.

„Für immer und dich“ war eine Ballade, die er mal der Schlagersängerin Marianne Rosenberg („Er gehört zu mir“) angeboten hatte, die ebenfalls bei George Glueck unter Vertrag stand, die sie aber abgelehnt hatte, weil sie sie „zu sentimental“ gefunden habe; später wurde sie in einer englischen Version („I'll Do It For You“) von Mother's Little Helpers zum Titelsong des Films *Das Jahr der ersten Küsse*. Eine von Rio gesungene und vom San-Remo-Festival inspirierte italienische Fassung („Per sempre e te“) erschien hingegen erst nach seinem Tod auf CD. Als dritte Singleauskopplung schaffte es die feinfühlige Ballade im Januar 1987 immerhin bis auf Platz 48 der Charts.

Auf dem Cover, das Thomas Fehlmann entwarf, der zuvor bei Palais Schaumburg gespielt hatte und später The Orb produzieren sollte, ist, wenn man genau hinguckt, hinter der Krone der Schatten eines gestreckten Mittelfingers zu erkennen. Er gehört dem A&R-Manager Fitz Braum, der Glueck „ein Jahr lang penetriert“ hatte, um Rio unter Vertrag zu nehmen – Rios Finger war optisch zu dünn gewesen.

Sein erstes Soloalbum war ein Kompromiss an den Sound der Zeit, und man hörte ihm deutlich an, dass der Spliff-Chefmixer Udo Arndt seine Finger im Spiel hatte. Endlich verstand man klar und deutlich, was Rio sang, andererseits war bei dieser Glättung aber auch etwas von dem Herzblut auf der Strecke geblieben, das seinen Gesang bis dahin geprägt hatte. Als er von der Alternativzeitung *Bowle Abstrakt* am Vorabend seiner großen Deutschland-Tournee gefragt wurde, ob „die neue Stilrichtung“ entstanden sei, „um Geld zu machen“, antwortete er geduldig: „Das hat nichts mit Geld zu tun, die Lieder wären auch bei Ton Steine Scherben so geworden. Zum Teil sind sie ja noch aus der

Scherben-Zeit. Dass die Musik poppiger ist, liegt daran, dass andere Musiker spielen, dass das Studio besser war als früher, dass die Sounds sauberer und glatter werden, leichter konsumierbar."
Doch nicht nur der Sound der Udo-Arndt-Crew um Peter Weihe, der auch bei Modern Talkings „Brother Louie" Gitarre gespielt hatte, enttäuschte die alten Fans, weil er so gefällig und so weit weg war von ihrem Musikgeschmack. Auch die politischen Texte „des einstigen Anarcho-Rockers" hatten laut *Spiegel* eine „andere Färbung" bekommen: „Waren es früher eher rüde, dogmatische Kampfparolen, so versteht er sich heute auf feine, aber stets beißende Ironie." Die Ansicht, dass „es ihm in den Siebzigern nicht im Traum eingefallen" wäre, Liebeslieder wie „Junimond" oder „Für immer und dich" ins Repertoire aufzunehmen, zeigte jedoch, dass der *Spiegel*-Kritiker sich in seinem Werk nicht allzu gut auskannte. Denn was war ein Song wie „Komm schlaf bei mir", wenn nicht ein Liebeslied?

Im DDR-Fernsehen beschrieb Rio seine Sony-LPs als „Versuch, alles unter einen Hut zu bringen, sowohl meine Ansprüche als auch die Ansprüche, die Plattenfirmen, vor allem die Sender, an einen stellen". Der Sound müsse halt „möglichst amerikanisch" klingen, gleichwohl habe er nicht versucht, „irgendeinen bestimmten Stil zu kopieren". Im Interview mit der Zeitschrift *melodie und rhythmus* gestand er, dass ihm „bei diesem ganzen Promotion-Rummel" manchmal der Humor abhandenkomme: „Du bist als Mensch überhaupt nicht interessant, eigentlich bist du gar nicht vorhanden." Gleichzeitig betonte er aber, weder am Text noch an der Musik Zugeständnisse zu machen, und allen, die sich eine Scherben-Reunion wünschten, erteilte er eine Abfuhr: „Nichts gegen die gute alte Zeit; ich denke auch oft und gerne daran. Aber ich kann nicht als Museumsstück leben."
Als Product Manager wurde sodann jemand „auf den armen Rio losgelassen", der gerade seine Ausbildung beendet hatte und „sowieso die Peinlichkeit schlechthin" war. Hinzu kam, dass George Glueck „partout mit dem Kopf durch die Wand" wollte

und einen Crossover-Spagat versuchte, „der Rio zerrissen hat“. Glueck habe jegliche Aktivität, die an ihm vorbeigegangen sei, unterbunden, dafür gesorgt, dass die Produktionskosten für das Cover-Artwork, Fotos und Videos immer teurer wurden, und so nur „verbrannte Erde“ hinterlassen. Am Ende seien nur noch Praktikanten für Rio zuständig gewesen, weil jede:r Sony-Mitarbeiter*in, der*die eine Crossover-Promotion für „komplett überzogen“ hielt, geschnitten wurde.

So trat Rio nach der Wende sogar in einem Löwenkäfig auf: *Gut gebrüllt, Löwe* hieß das Talk-&-Show-Programm im Zirkus Busch, der seine Zelte inmitten einer Neubausiedlung am Stadtrand Berlins, in Hellersdorf, aufgeschlagen hatte. Vor dem Eingang warben Westberliner Krämerseelen für „optimalen Versicherungsschutz“ und „moderne Bürotechnik“. Ein „Florida-Experte“ verloste eine Reise ins Glück, und als Moderator mühte sich ein Redakteur vom Sender Freies Berlin ab, dessen belanglose Plaudereien kaum einen Unterschied zwischen west- und ostdeutscher Unterhaltungskunst erkennen ließen. Ebenfalls mit von der Partie: Lutz Heßlich, ein flott gekleideter Radweltmeister aus der DDR, und ein verglühender West-Stern, Evelyn Künneke, die im Rolls-Royce vorgefahren kam und auch gleich klar machte, worum es hier ging: „Reißt euch zusammen und fallt nicht gleich in Ohnmacht, hier kommt Deutschlands heißeste Oma!“

Rios PDS-Mitgliedschaft stellte für die Sony jedoch kein Problem dar. „Das fanden wir eher passend“, blickte Wandjo zurück, und außerdem verkauften sich dadurch ja seine Platten wenigstens im Osten. Dass daraufhin der Promo-Etat gekürzt worden sei, wie Rios Bruder Gert später behauptete, sei jedenfalls „absoluter Blödsinn“. Rio sei vielleicht immer verkrampfter geworden, weil ihn all seine Kollegen als großen Einfluss bezeichneten, er aber kommerziell gesehen immer weit hinter den an ihn gestellten Erwartungen zurückblieb. Von einem firmeninternen Boykott oder einer Zensur könne jedoch beim besten Willen nicht die Rede sein.

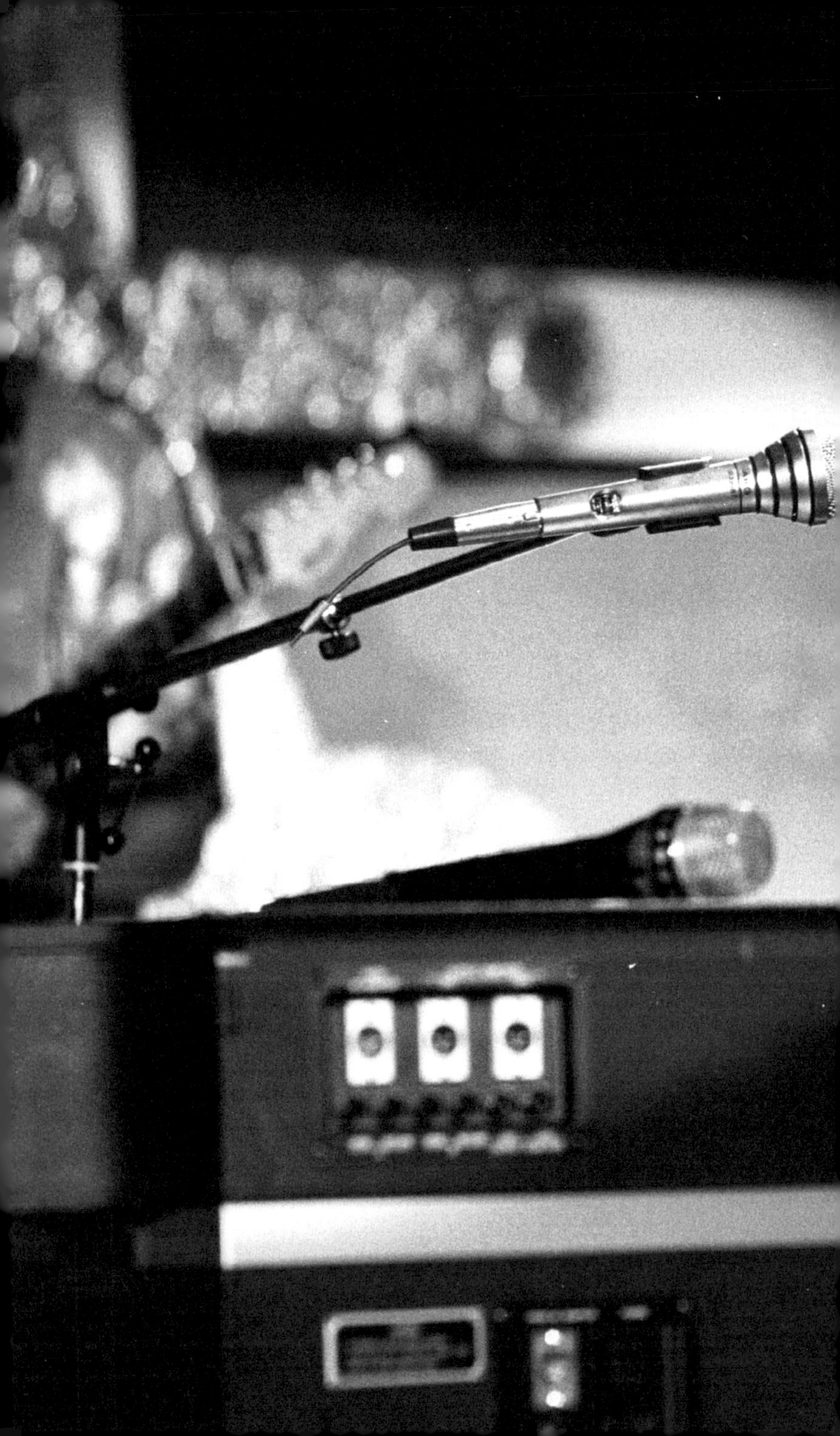

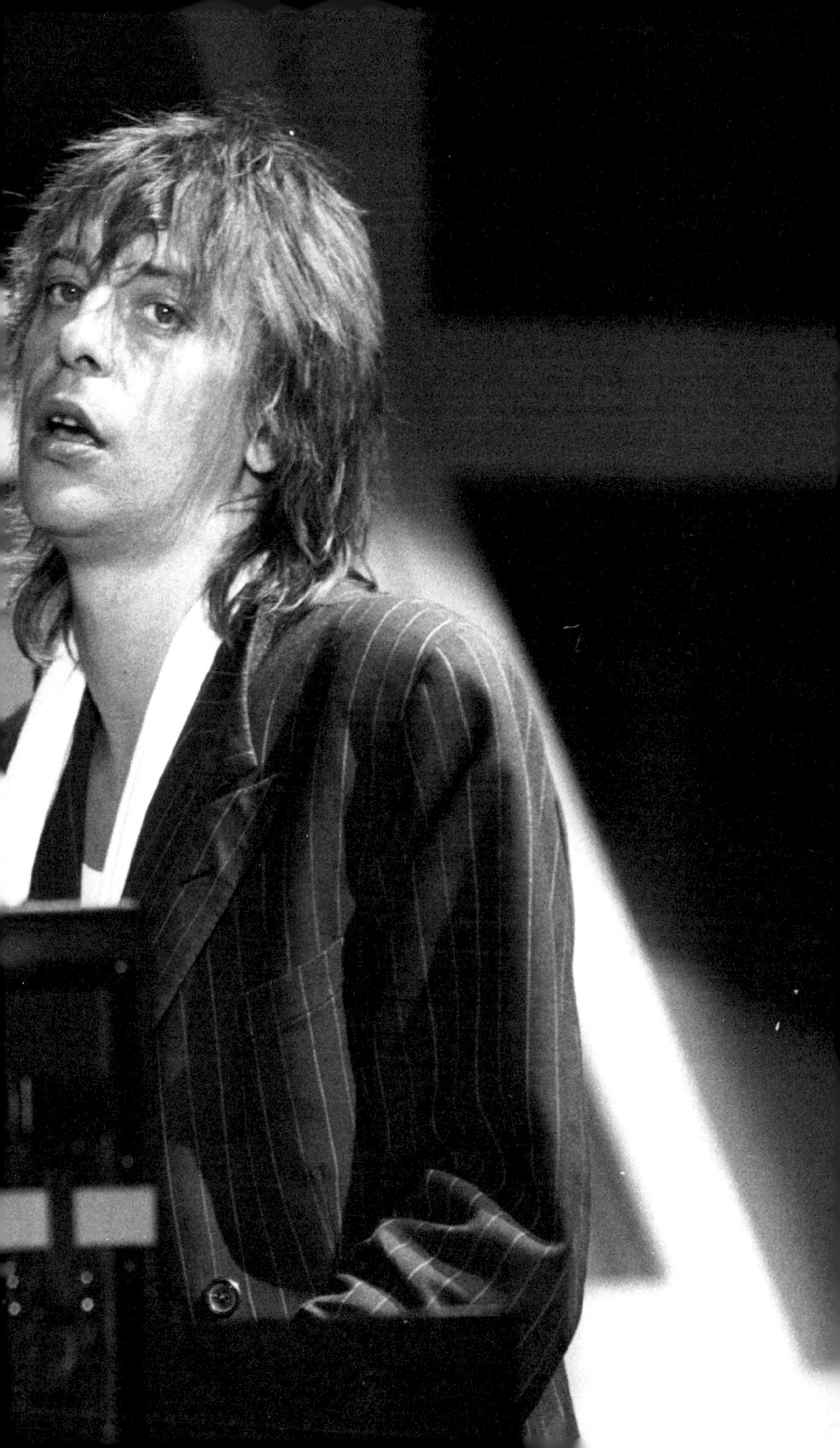

Bei der Sony wurde er, wie sein Privatsekretär Jan Bajen behauptet, zuletzt nur noch von „Lehrlingen" betreut, die kurzfristig Promo-Termine ansetzten und ihn zu Interviews schickten, in denen er gefragt wurde, ob er denn auch Kinder habe oder wie seine Frau heiße. Woraufhin Rio aufgestanden sei und dem Interviewer zu verstehen gegeben habe, er solle erst einmal seine Hausaufgaben machen.

Ohne ihn zu informieren, veröffentlichte die Sony eine Doppel-CD mit Balladen von ihm – als ihm Belegexemplare mit der Post zugestellt wurden, rastete er verständlicherweise aus. Damit war die Hoffnung, für *Rio I.* doch noch eine Goldene Schallplatte zu erhalten, endgültig zunichte gemacht worden.

„Ich bin für dieses Business nicht geschaffen", erkannte er 1996 selbstkritisch in der *Berliner Zeitung*. Und nun, da die Verträge sowohl mit der Sony als auch mit George Glueck nach zehn Jahren ausliefen, wollte er sie nur verlängern, wenn sie ihm eine Million Mark Vorschuss zahlten – woran freilich nicht zu denken war.

Die Art und Weise, „wie George Glueck und Annette Humpe an Musik rangehen", sei vielleicht „nicht so passend" gewesen, räumte Hubert Wandjo rückblickend ein. Statt der „Megamaschine" Sony wäre ihm ein alternativeres Geschäftsumfeld möglicherweise eher gerecht geworden. Senderreisen seien nicht so durchgezogen worden wie mit BAP oder Udo Lindenberg, bemängelte hingegen Gert C. Möbius die Arbeitsweise des Plattenkonzerns: „Sie taten immer so, als ob Rio ein Selbstläufer wäre, es gibt aber keine Selbstläufer."

Fakt ist jedenfalls, dass sein letztes Album *Himmel & Hölle* bereits ein Jahr nach seiner Veröffentlichung aus dem Katalog gestrichen und verramscht wurde – just zu dem Zeitpunkt, als Rio wieder auf Tour ging.

Alle Macht den Drogen

Im Tali, wo Blixa Bargeld die Karten abriss, der später als Sänger der Einstürzenden Neubauten in Rios Fußstapfen treten sollte, lief Berlin-exklusiv die *Rocky Horror Picture Show*, und der Kinobetreiber Elser Maxwell verdiente monatlich nach eigenen Angaben 15.000 D-Mark, die er, dazu steht er, komplett verkokst hat. Allerdings nicht allein, sondern gemeinsam mit Freunden: „Alle haben ihren Rüssel da reingehalten. Besonders Rio, weil wir damals viel zusammen waren."

Die Droge der Reichen hatte laut Rio angeblich Rainer Werner Fassbinder bei den Dreharbeiten zu *Berlin Alexanderplatz* in der Berliner Szene eingeführt. Und als Rio für seine Rolle im Film *Johnny West* und den Filmpreis, den er dafür erhielt, plötzlich 30.000 D-Mark in Händen hatte, soll er sie, so sein Freund Hannes Eyber, zügig auf den Kopf gehauen haben: „Elser Maxwell hat ihm dabei geholfen. Sie haben eine Mittelmeerkreuzfahrt gemacht und gekokst bis zum Abwinken."

Damals, so die *B.Z.* vom 23. August 1996, habe Rio auch in einer Ladenwohnung in der Belziger Straße „wilde Nächte mit Drogen-Experimenten" gefeiert. Und „einer, der mit Rio Reiser zwei Jahre zusammenlebte", aber lieber anonym blieb, erinnerte sich in dem Boulevardblatt: „Er brauchte diese Eskapaden zum Komponieren. Tagelang blieben die Rollläden unten. Reiser liebte Marathon-Sessions an seinem alten Klavier, dessen Kerzenhalter" – laut dem Boulevardblatt – „angeblich mit Koks und Heroin gefüllt waren."

Drei Jahre vor seinem Tod hatte Rio dem Berliner Stadtmagazin *Zitty* ein Interview gegeben, in dem er einräumte, dass ihm Drogen geholfen hätten, selbstbewusster zu werden. Meskalin hatte ihm einst einen „Zustand mystischer Klarheit" beschert und seinen weiteren Weg als Musiker beeinflusst. „Ich wollte nicht länger als ‚Vehikel' für politische Programme dienen. Ich wollte die Welt selbst interpretieren und mit meinen musikalischen Mitteln verändern."

LSD hatte er erstmals am Karsamstag 1970 probiert, zusammen mit Raymond Fleschner von den Roten Steinen, der von Beruf Steinsetzer war und ihm „genauso gut ein Ticket zu den Orinoko-Indianern" hätte anbieten können. „Durch den Trip kam so eine telepathische Beziehung zu Raymond auf", der nur einen Satz pro Stunde sprach, über den dann aber alle lachen mussten, weil er genau den Punkt traf. Rio war aber klar genug gewesen, sich ihn auch aufzuschreiben: „Ich will nicht werden, was mein Alter ist."

Der Zeit entsprechend waren die Scherben auch vor psychedelischen Experimenten nicht zurückgeschreckt. In einem Gespräch mit Wolfgang Seidel berichtete die Autorin (*Neurosen zum Valentinstag*) und Sängerin von Stereo Total, Françoise Cactus, dass sie in den 1970er Jahren die Scherben einmal in Fresenhagen besucht habe. Die hatten wohl mal wieder Stechäpfel oder Tollkirschen gegessen, sodass „alle nicht mehr richtig gucken" konnten und „halb blind" waren.

Als er den ersten Joint seines Lebens rauchte, hatte Rio „vorschriftsmäßig" Musik gehört und dann alles in Farben gesehen. „Das war eine gute Erfahrung, denn wenn ich heute im Studio arbeite, verständige ich mich oft durch optische Sachen, um zu beschreiben, wie was klingen soll", erläuterte er der *Musik Szene* 1987 seine Arbeitsweise.

Von der PDS wurde er nach der Wende hofiert und für seine Wahlkampfauftritte bezahlt. Als Gregor Gysi es bei einer Veranstaltung jedoch ablehnte, mit ihm zu sprechen, traf ihn das bis ins Mark. In einem Brief an den PDS-Chef verteidigte er 1993 „das Vorrecht des Künstlers, Drogen jeder Art auszuprobieren", weil es die Aufgabe von Künstlern sei, „hinter die Dinge zu schauen" – und um das tun zu können, sei eben jedes Hilfsmittel erlaubt. Abgeordnete sollten hingegen vor Betreten des Plenar-

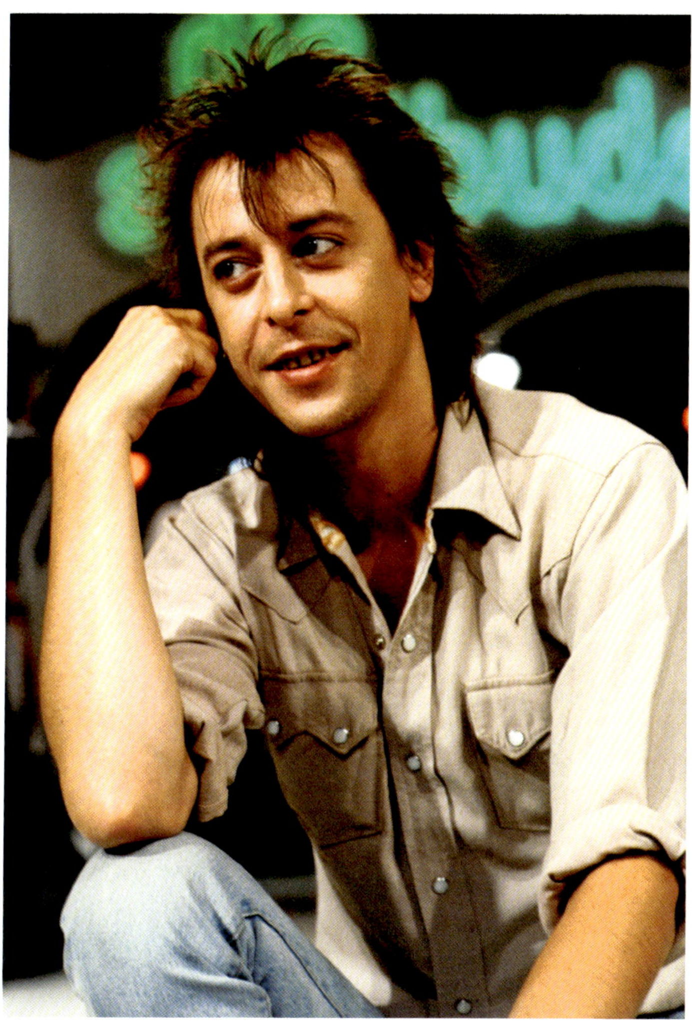

saals „ins Tütchen blasen“ müssen, weil von Volksvertretern erwartet werde, dass sie sich einen kühlen Kopf bewahren. Zugleich erklärte er seine Zusammenarbeit mit der PDS für beendet. Den Brief schickte er allerdings nie ab.

Was würdest du machen, wenn ...

Als Ton Steine Scherben 1974 in einer Krise steckten, interviewten sie sich gegenseitig. Eine der Fragen, die sie einander stellten, lautete: „Was würdest du als Erstes machen, wenn du König von Deutschland wärst?“

Nikel Pallat wollte die Bundeswehr auflösen, Britta Neander alle Fernsehsender und Zeitungsverlage kaputtschlagen, Jako die Ausbeutung abschaffen, Schlotterer alle Gefängnisse einreißen, Rio „alle Tötungsmaschinen verbieten“, und Funky wollte überlegen, ob er das überhaupt verantworten könne, König von Deutschland zu sein.

Aus diesem Fragespiel entstand noch im selben Jahr der Song, damals noch mit einem anderen Text, der zehn Jahre später als dritte Single aus Rios erstem Soloalbum ausgekoppelt wurde, am 9. Juni 1986 mit Platz 27 die höchste Position in den Charts erreichte und sich insgesamt fünf Wochen lang darin hielt. Es war nicht nur Rios größter Hit, der später auf zahlreichen *Ballermann*- und *Big Brother*-Samplern wiederveröffentlicht wurde, er sorgte auch dafür, dass sich das 1984 veröffentlichte Livealbum der Scherben endlich verkaufte. Nachdem es zunächst fast wie Blei in den Regalen gelegen hatte, bappte der EfA-Vertrieb einen Aufkleber – „Als Rio noch Prinz von Deutschland war“ – aufs Cover, und schon zog der Verkauf an.

Für Rio war der Song „ein kleiner Ausschnitt von ‚Keine Macht für Niemand‘, der Versuch, es ulkiger zu machen, leichter verdaulich, mit dem Begriff Macht herumzuspielen“. Wenn die Leute das nachsingen, erläuterte er der Hans-A-Plast-Schlagzeugerin Bettina Schröder-Polten in einem Interview, „singen sie ja ‚ich‘. Sollen sie sich doch alle überlegen, was sie tun würden, wenn sie König von Deutschland wären. Meinetwegen soll’n sie es doch alle werden. Wunderbar: 60 Millionen Könige!“

Er wurde schon bald beim Wort genommen. Auf dem hannoverschen Altstadtfest fragte das Stadtmagazin *Schädelspalter* 1986 seine Leser, was sie tun würden, wenn ... Sieben Jahre später sollten Zuschauer der TV-Sendung *Elf 99* anrufen und die Frage beantworten, als Rio dort aufgetreten war und sein viertes Soloalbum vorgestellt hatte. Und in einem Taschenkalender der PDS-Bundestagsfraktion für das Jahr 2002 beantworteten Polit-Promis die Frage, die zu der Zeit schon jedem aus dem Hals raushing. „Wenn ich König von Deutschland wär, gäbe es deutlich mehr Gerechtigkeit und Chancengleichheit", versprach beispielsweise Lothar Bisky, damals noch Vorsitzender der PDS-Fraktion im Brandenburger Landtag. Regine Hildebrandt, Mitglied des SPD-Parteivorstandes, gelobte, sich dafür einzusetzen, „dass alle Menschen zufrieden und glücklich sein können, vorausgesetzt, alle haben Arbeit mit einem existenzsichernden Einkommen und damit eine positive Lebensperspektive". Und Gregor Gysi gab an, dann „die erste sozialistische Monarchie in der Geschichte" einzuführen.

Elf Jahre später griff die *taz* die Frage erneut auf. Thilo Bode von der Verbraucherschutzorganisation Foodwatch versprach, nicht nur Parlamentarier, sondern auch das Volk selber wichtige Entscheidungen treffen zu lassen. Claudia Langer von Utopia.de wollte dann „die besten Leute des Landes" zusammenholen und versuchen, „Zukunft zu antizipieren und ein Gesellschaftsbild darauf zu entwickeln, das gerechter, nachhaltiger, lustvoller und visionärer wäre". Constanze Kurz vom Chaos Computer Club schwebte ein Exportverbot für alle Zensur- und Repressionstechnologien aus Deutschland vor. Die TV-Entertainerin Hella von Sinnen würde nur noch in ihrem Palast im Pool plantschen und die Regierungsgeschäfte der *taz* überlassen. Und der Regisseur Rosa von Praunheim (*Nicht der Homosexuelle ist pervers, sondern die Situation, in der er lebt*) wäre dann eine Königin und würde verkünden: „Alle sollten nackt sein mit bunten Schleifen. Und jeder, der ein böses Wort sagt, müsste sich einen Tag lang an die Nase fassen."

Der kleine ulkige Song, der ursprünglich „König vom Kudamm" hieß und nicht mit auf das erste Soloalbum sollte, aber als „Joker" mitangeboten wurde, entwickelte mit der Zeit ein immer größeres Eigenleben und wurde in gewisser Hinsicht für Rio auch „zum Fluch", wie Corny Littmann glaubt: „Der kam ziemlich schnell, verlangte nach dem nächsten Hit, und Rio wurde auf diesen Titel immer festgenagelt."

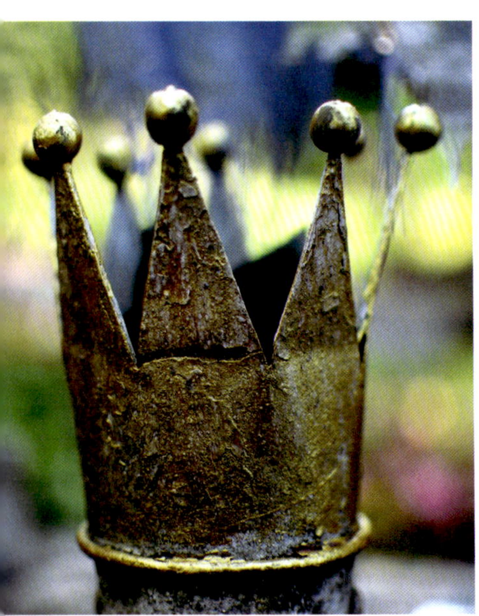

Noch Jahre später musste er sich dafür rechtfertigen. „Seit der ‚König von Deutschland' ein Hit war und ich mir obendrein erlaubt habe, im Text Komik und Ironie zu verwenden", beschwerte er sich 1990, müsse er sich immer wieder anhören, er sei ein seichter Schlagerfuzzy geworden und wäre nur noch hinter der Kohle her. „Ich finde das so dämlich. Erstens kann Komik ausgesprochen subversiv sein, zweitens war ich auch früher schon der Meinung, dass gute Songs auch Unterhaltungswert haben sollten, drittens weiß ich überhaupt nicht, wie man mit Absicht Hits schreibt."

Anlässlich der Veröffentlichung eines Best-of-Albums nahm er 1994 das Lied neu auf. Statt Ronny Reagan wollte er nun Birgit Broiler (Breuel) in die Treuhand beißen. Er versprach, nicht die Krone, sondern die Prinzen täglich zu wechseln (und sie auch zweimal zu baden), Robert Lembke wurde durch Hans Meiser ersetzt, Helmut Schmidt durch Klaus Kinkel, Franz Josef Strauß durch Helmut Kohl, und Rudolf Scharping wusste nicht mehr, wo er hinschau'n sollte. Die Schweizer Garde um Paola und Kurt Felix wurde von Rudi Carell, Karel Gott, Gottschalk und Schalck-Golodkowski abgelöst, und er wollte auch nicht mehr lang reden, sondern „die Birne endlich mal aus der Fassung bringen".

Der Musikkanal Viva TV weigerte sich 1996 jedoch, den Videoclip zu „König von Deutschland" zu senden, weil die PDS das Lied in einem Werbespot für die Wahl zum Europaparlament vom Knabenchor Omnibus singen ließ – was Rio aber relativ kalt ließ, weil er „nicht auf Gedeih und Verderb mit irgendeiner Partei identifiziert werden" wollte.

Das Lied wurde von Hinz und Kunz gecovert, unter anderem von Daniel Küblböck, der durch die Talentshow *Deutschland sucht den Superstar* bekanntgeworden war, und von Roger Cicero, der das Lied zu einem „Hybrid aus Udo Jürgens und Stadiongesang" (Conrad Menzel) verwurstete. Mono & Nikitaman veröffentlichten eine Reggae-Version davon. Und die Church of Independent Assholes, kurz C.I.A. genannt, dichtete zusammen mit Bela B eine Zeile um: „Das alles, und mal ans Meer, würd' ich fahren, wenn ich König von Deutschland wär."

Mit Rios Einverständnis und zu dessen großem Vergnügen erzählte ein Friedo, was er alles tun würde, wenn er Trainer von Schalke wär. Und für das Boxer-Musical *Knock Out Deutschland* schrieb Rio den Text 1995 sogar selbst um – der Song handelte nun von den Wunschvorstellungen eines Skinheads namens Striker.

Neun Jahre nach Rios Tod war sein größter Hit noch immer populär wie eh und je. So sollten im August 2005 die Zuschauer von Sat.1 nachts um zwei raten, welchen Rio-Reiser-Song die Animateurin Sandra Ahrabian mit ihrem Bild – einer Comicfigur samt Krone plus einer Deutschlandfahne – wohl gemalt habe. Wer eine 01379-Nummer anrief, konnte 1500 Euro gewinnen – „steuerfrei und netto".

Rio und der kleine Gysi

Das „Einheitsfrontlied“ von Brecht und Eisler wollte Rio Reiser lange Zeit ebenso wenig mehr singen wie den Scherben-Song „Allein machen sie dich ein“, weil der dazu aufrief, sich zu organisieren. Er war auch nie „auf die Schnapsidee“ gekommen, sich einer Partei anzuschließen, und kein Freund der SED oder der DKP, weil die ihm „einfach zu dröge“ waren. Dass er nach der Wiedervereinigung ausgerechnet der PDS beitrat, verwunderte seine Freunde und Fans deshalb umso mehr.

Den PDS-Vorsitzenden Gregor Gysi hatte er im Februar 1990 in einem Café unterm Fernsehturm am Alex getroffen. Rainer Börner, der ihn anderthalb Jahre zuvor in die Werner-Seelenbinder-Halle geholt hatte, saß mittlerweile für die PDS am runden Tisch und hatte den Kontakt hergestellt. Nachdem sie sich kurz beschnüffelt und etwas Smalltalk betrieben hatten, bestellte Rio einen Irish Coffee, der ihn völlig aus der Fassung brachte. Statt Whisky hatte man ihn mit einem Weinbrand zubereitet, den Rio nicht vertrug, sodass er Gysi versehentlich ein Kännchen Kaffee über den Anzug schüttete, bevor er am Tisch einschlief.

Am 11.11.1990 um 11.11 Uhr, dem Beginn der Karnevalszeit, überreichte Gysi ihm trotzdem im völlig überfüllten Bonner Brückenforum den rosa Parteiausweis, und Rio setzte Gysi im Gegenzug ein Pappkrönchen auf. Im *Neuen Deutschland* begründete er drei Tage später seinen Parteibeitritt damit, dass man „den kleinen Gysi“ doch jetzt nicht alleine lassen könne.

Deutschland brauche „eine echte linke Partei“, wie es sie in Italien, Spanien, Frankreich oder Portugal längst gebe, als „Korrektiv zu den etablierten konservativen, bürgerlichen Parteien“. Schließlich bringe sie ein, „was an der DDR wichtig und gut war“. Selbst der Skandal um die Geldtransaktionen des einstigen SED-Vermögens hielt ihn nicht davon ab. „Eine Partei, die zu dumm ist, 100 Millionen zu verschieben, ist schon wieder sympathisch und nicht kriminell."

Sein Eintritt löste keine weltweiten Reaktionen aus, irritierte aber viele Linke aus Ost und West, war er doch bis dahin eher als Anarchist bekannt. In einem Interview für die Zeitschrift *Medium* nannte er zwei Gründe, die ihn zu diesem Schritt bewogen hatten. Erstens hätte die PDS „für den Müll, den die SED vierzig Jahre lang gebaut hat", die Verantwortung übernommen. Und zweitens hätten ihm die Aufschrift von Kugelschreibern gefallen, die von der PDS im Wahlkampf verteilt wurden: „Dieser Kugelschreiber gehörte einst der PDS. Jetzt gehört er Ihnen."

Mit seiner Mitgliedschaft wollte er seinen Westkollegen „ein Zeichen setzen", in deren Köpfen noch immer „das primitive Bild von der DDR" spukte, „das ihnen 40 Jahre eingehämmert wurde", und die sich nicht dafür interessierten, „was da plattgemacht wurde". Im Westen sei eben nicht „alles richtig" und im Osten nicht „alles falsch gelaufen".

Weil er darüber verärgert war, dass die PDS-Bonzen mit ihm umsprangen wie mit jedem x-beliebigen Mucker, und merkte, dass politisch denkende Künstler auch in der PDS nicht gefragt waren, sagte er seine bereits fest vereinbarten Auftritte im Bundestagswahlkampf 1990 dann aber doch kurzfristig ab und begab sich mit seinen Eltern lieber auf eine Kreuzfahrt durchs Mittelmeer, die er ihnen zur goldenen Hochzeit geschenkt hatte. Börner, mittlerweile als Präsidiumsmitglied verantwortlich für Bündnisfragen, flog daraufhin nach Sizilien, um ihn umzustimmen. In Catania fing er Rio ab, als der gerade die „Eugenio Costa" verließ, um mit Mutter Erika eine Stadtrundfahrt zu unternehmen. Er konnte Rio überreden, seine Zusagen einzuhalten und im Wahlkampf wie geplant aufzutreten – sowohl mit Band als auch solo am Flügel. Börner selbst trat hingegen 1991 aus der PDS aus, weil er sie nicht für reformierbar hielt und im Präsidium dafür getadelt wurde, dass er sich in der Volkskammer der DDR als IM geoutet hatte.

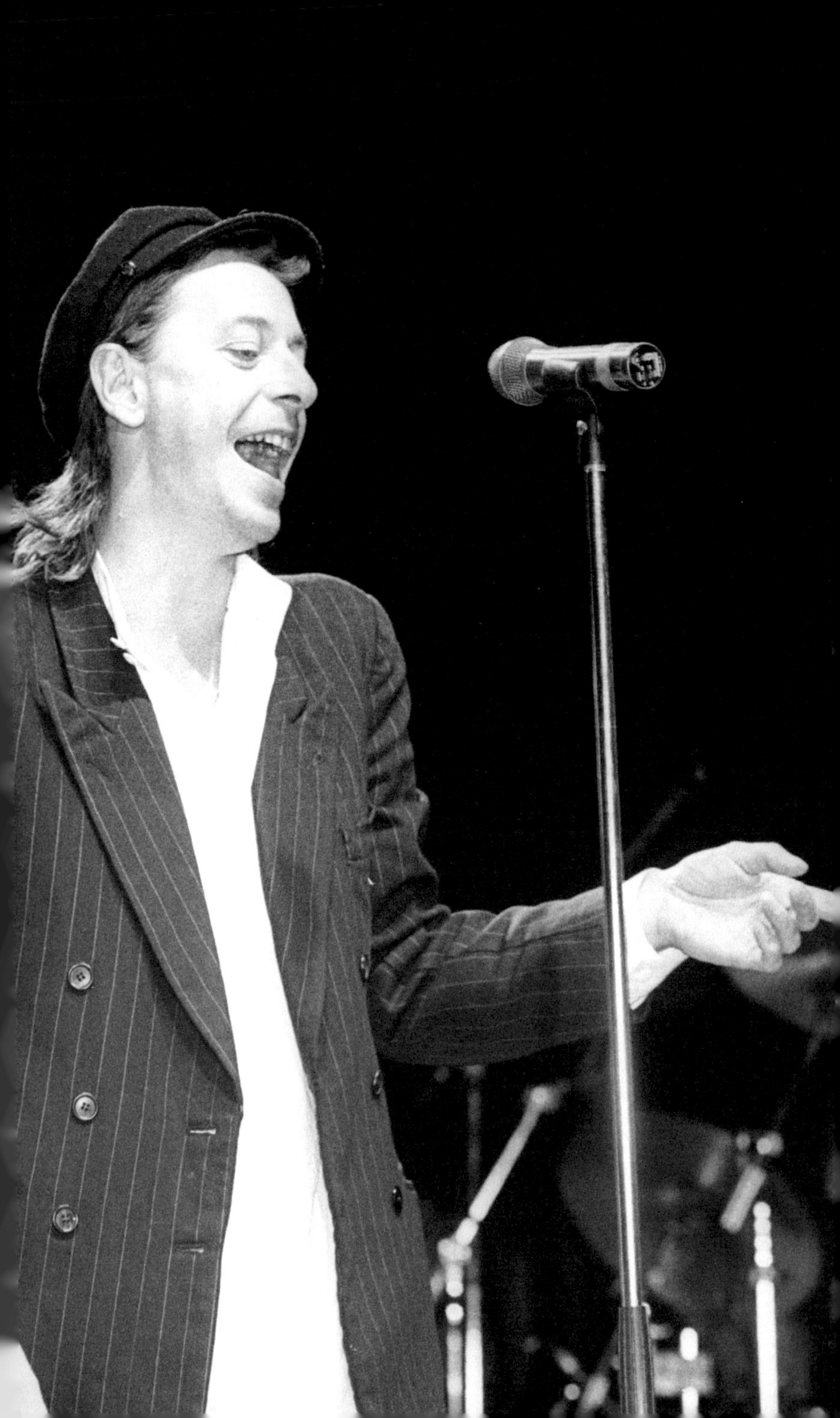

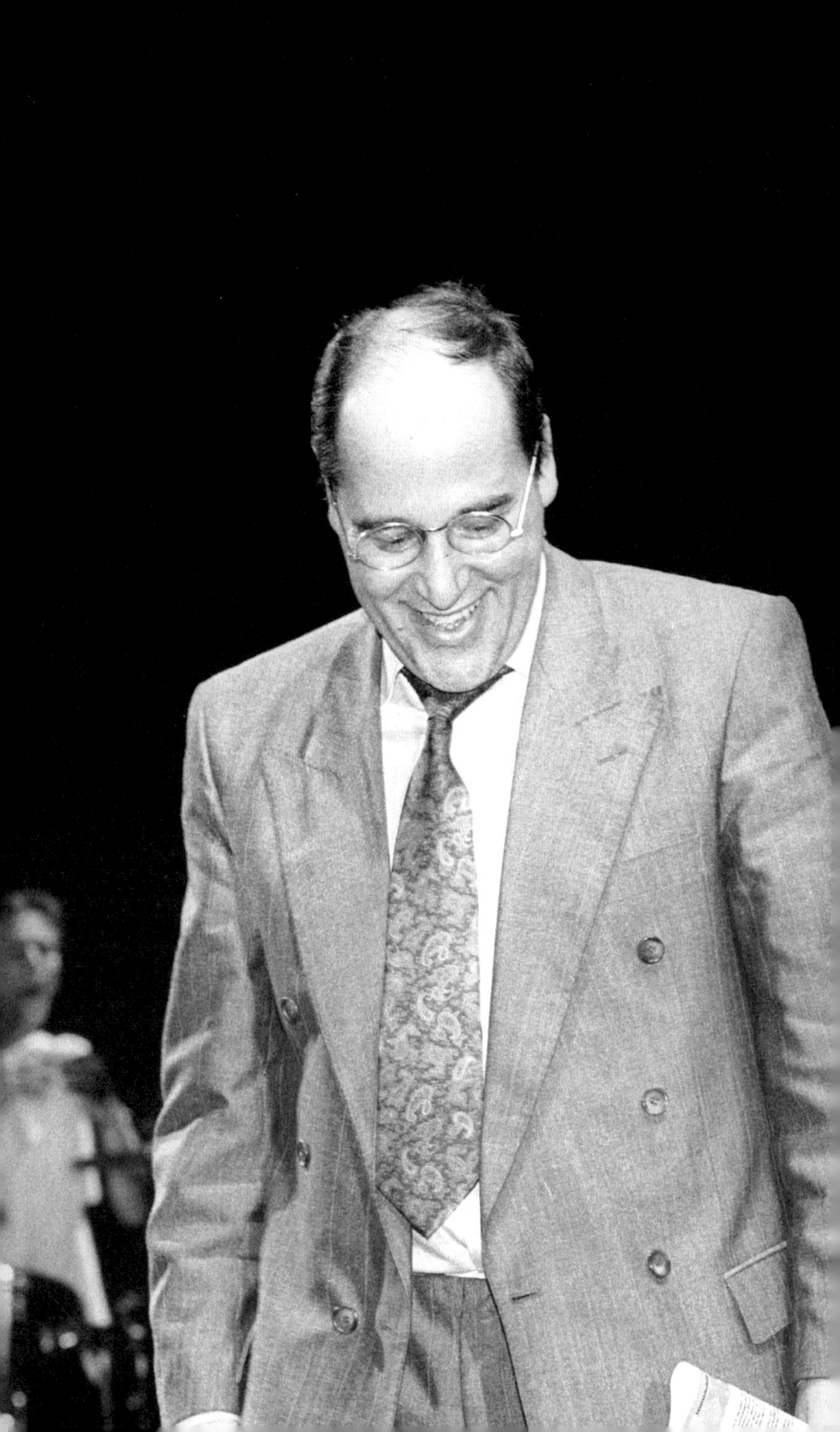

Auf der Flucht vor den Kindern Gottes

Seit Rio Reiser 1970 zum ersten Mal mit Ton Steine Scherben live aufgetreten war, hatten schon viele versucht, mit ihm Kontakt aufzunehmen. Richtig spooky wurde es aber, als das auch eine 1968 in Kalifornien gegründete Sekte, die Kinder Gottes, bei einem Thailand-Urlaub versuchte.

Weil er als Musiker über ein feines Gehör verfügte, hatte er die Stimmen, die aus einer Blumenvase zu ihm drangen und ihn beeinflussen sollten, nicht nur unterbewusst gehört, sondern auch erkannt – angeblich gehörten sie zwei Frauen, die einst den Scherben von Konzert zu Konzert nachgereist waren und von ihnen „The Mannheims“ genannt wurden. Rio und sein damaliger Freund Niels waren daraufhin nach Australien geflüchtet, im Flugzeug hatte Rio aber zwei Japaner belauscht, die sich ebenfalls über ihn unterhielten – ein klassisches Symptom für eine Psychose, die möglicherweise von einem Delirium tremens herrührte.

Zurück in Fresenhagen fürchtete er um sein Leben, weil er angeklagt würde, der Teufel zu sein, und ließ das Haus nach Wanzen absuchen. Darüber geredet werden durfte nur noch auf Spaziergängen, unter freiem Himmel.

Rios Brüder nahmen die angebliche Bedrohung durch die Kinder Gottes, die eine „letzte Hilfe vor dem Untergang“ versprachen, durchaus ernst. Gert C. Möbius besorgte aus dem *Spiegel*-Archiv ein Dossier über die Jugendsekte, das alles bestätigte, was Rio über sie erzählt hatte – dass sie das Terrain sondierten, weil sie in den fünf neuen Bundesländern und im Ruhrgebiet Fuß fassen wollten, und dass sie im thailändischen Phuket eine Dependance besaßen und in Ferienanlagen Urlauber unterbewusst beeinflusst hätten. Als dann Freund Elser auch noch herausfand, dass der russische Geheimdienst KGB ebenfalls mit Unterfrequenztönen arbeitete, war Gert überzeugt. Und als Rios Hund Alfa eines Tages plötzlich aus dem Fenster sprang und kläffend hinter einem Unbekannten herlief, der mit einem VW-Bully flüchtete, nahm Bruder Peter, der „nie recht wahrhaben" wollte, „welch großen Einfluss Drogen auf Rios Entwicklung hatten", die Verfolgung mit einem Fahrrad auf. Erst als der Gründer der Endzeitsekte, David Brandt Berg, 1994 starb, hörte der Spuk auf.

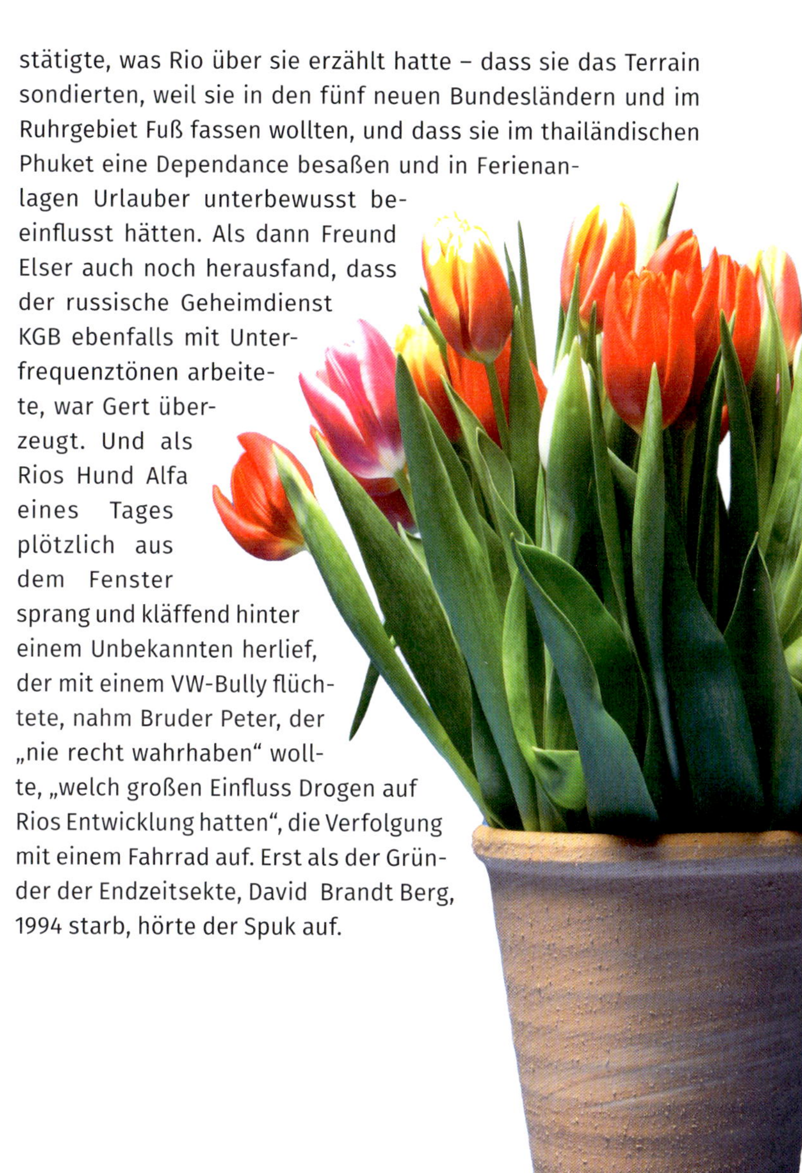

Alles Lüge!

Rio Reiser liebte es, seine Fans und die Öffentlichkeit an der Nase herumzuführen.

Als 1986 sein erstes Soloalbum *Rio I.* erschien, lag den Rezensionsexemplaren, die an die Zeitschriften und Rundfunksender verschickt wurden, eine Biografie bei, in der es hieß, Rio Reiser sei „als Kleinkind von russischen Soldaten in einem Bombentrichter im Berliner Stadtbezirk Tiergarten gefunden, in einem der damals noch überfüllten Waisenhäuser untergebracht und am 9. Januar 1957 von dem Fabrikantenehepaar Rika und Bert Braun-Möbius“ adoptiert worden. Die Biografie endete mit dem fett gedruckten Hinweis „Alles Lüge“, doch selbst das Hamburger Nachrichtenmagazin *Der Spiegel* fiel darauf rein und kolportierte die frei erfundene Vita.

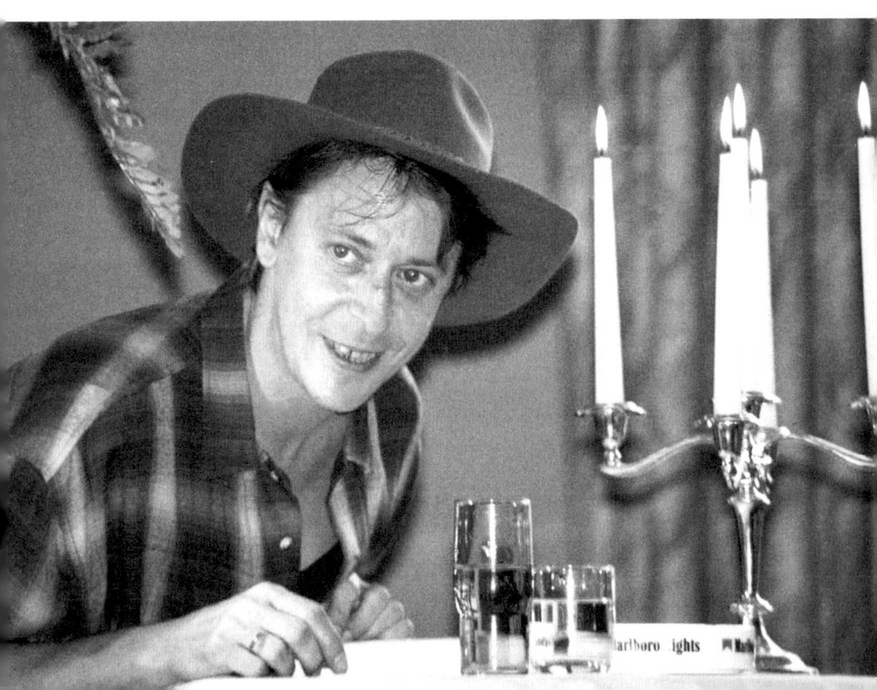

Rio Reiser liebte solche Scherze. So erzählte er in seiner Autobiografie *König von Deutschland* auch die Geschichte von John Banse, einem der ersten Bewohner des Georg-von-Rauch-Hauses, der etwas klein geraten war, einen Hüftschaden hatte und sich bei vielen Demos und Straßenschlachten den Spitznamen Asterix erwarb, weil er „in vorderster Linie gegen eine Überzahl staatlich besoldeter Ordnungskräfte gekämpft und gesiegt hatte". John Banse gibt es wirklich, und er wohnte auch tatsächlich im Rauch-Haus, doch Rio berichtete auch, dass John Banse später Kuba-Johnny genannt wurde, ihm die schwedische Lebensrettungsmedaille verliehen wurde und seine Schwiegermutter Hofärztin des schwedischen Königshauses gewesen sei. Seinen grünen Satinanzug hatte Banse sich angeblich selbst geschneidert, und in einem norwegischen Knast soll er ein Schiffsmodell gebastelt und es dem norwegischen König geschickt haben, der ihn daraufhin prompt begnadigte.

Einer anderen Geschichte zufolge hat Carlos Santana seinen Welthit „Black Magic Woman" geschrieben, nachdem er Elfie-Esther Steitz-Praeker, die Schwester des Scherben-Gitarristen R.P.S. „Lanrue" Steitz, kennengelernt hatte und ihr verfallen war – was man sich angesichts ihres Aussehens sehr gut vorstellen konnte. Und Rios Freund Elser Maxwell behauptete gar stets mit großer Überzeugungskraft, dass er das auf der Verpackung von Brandt-Zwieback abgebildete Baby sei.

Ob der Fußball-Europameister Paul Breitner vom FC Bayern München, der seinerzeit als Rebell galt, weil er sich vor einem Mao-Plakat hatte fotografieren lassen, tatsächlich einmal an die Tür der Scherben-Kommune am Tempelhofer Ufer geklopft hatte und von Lanrue, dem späteren Torjäger des nordfriesischen TSV Stadum, freudig empfangen wurde, sei somit also einmal dahingestellt.

Abgeschrieben

Noch immer glauben viele, Rio Reiser sei an Aids gestorben.

Aus Protest gegen eine Aids-Politik, die „widernatürliche Randgruppen“ ausmerzen wollte, um den „normalen Bayern“ zu schützen, schrieb Rio Reiser nicht nur die Songs „Normal“ und „Bis ans Ende der Welt“. Vor allem das Vorhaben, Aids-Kranke zu kasernieren, erzürnte Rio 187 so sehr, dass er den Freistaat Bayern vorübergehend mied. Allerdings konnte er den Boykott schon bald wieder aufgeben, da der CSU-Politiker Peter Gauweiler, auf dessen Mist die dafür nötigen Gesetzesvorhaben gewachsen waren, als Staatssekretär abgelöst wurde. Damit wurden dessen Pläne zu Makulatur, und Rio konnte bereits im Frühjahr 1988 wieder in Kaufbeuren, Neumarkt und München gastieren.

Als er sich ein paar Jahre später mit seiner Band in Fresenhagen auf eine bevorstehende Tour vorbereitete, sang er aber stets nur kurz und legte sich gleich wieder ins Bett. Lutz Kerschowski fiel auf, dass er ganz gelb im Gesicht war, sodass Lanrue ihn ins Kreiskrankenhaus nach Niebüll brachte, von wo aus er schließlich in die Berliner Schlosspark-Klinik verlegt wurde, einem Trockendock für Promis, in dem auch Harald Juhnke hin und wieder behandelt wurde.

Die *Bild* schloss daraus messerscharf, dass Rio möglicherweise Aids habe und sorgte sich auf der Titelseite um ihn. „Die hatten mich schon abgeschrieben“, erinnerte er sich 1996 in der *Südthüringer Zeitung*. Wenigstens erhielt er in der Schlosspark-Klinik aber die Blumensträuße, auf die er an seinem Geburtstag am 9. Januar vergebens gewartet hatte.

Im Krankenhaus rasierte er sich den Schädel kahl, sodass er laut Kerschowski „wie ein Buchenwald-Häftling" aussah. Und besuchen durften ihn nur seine engsten Freunde und Verwandten – Niels, Lanrue, Lutz Kerschowski, Gert und Peter Möbius und Misha Schönebergs „Tante" alias Edith Susini, die Rio immer Apfelkuchen backte, die Zukunft voraussagte und ihm ein seelisches Ruhekissen war.

Was damals mit ihm los war, hätte Rio auch gerne gewusst. Mit seinem Arzt einigte er sich auf die Diagnose Gelbsucht, was besser als Fettleber klang, aber ein Symptom für ein sich abzeichnendes Leberversagen ist; allerdings habe er auch Angst gehabt, „nur noch Wirtschaftsfaktor zu sein", erzählte er später, und da sei er „wirklich krank geworden". 28 bereits gebuchte Konzerte und ein Auftritt in Thomas Gottschalks Late-Night-Show auf RTL mussten jedenfalls ausfallen.

Nach seinem Krankenhausaufenthalt stand er erstmals wieder im Berliner Renaissance-Theater auf der Bühne. In der Aids-Burleske *Ein ungelegener Besuch* des argentinischen Schriftstellers und Karikaturisten Copi, der in dieser wüsten Farce seinen eigenen Tod behandelte und zwei Monate vor der Premiere in Paris an der Immunschwächekrankheit gestorben war, spielte Rio einen ergebenen Verehrer und sang eine Arie aus Beethovens *Fidelio*.

Wie sehr die Spekulation der *Bild*, Rio Reiser habe sich mit Aids infiziert, verfangen hatte und in den Köpfen vieler Fans verankert war, zeigte sich nach seinem Tod. Manch einer dachte noch Jahre später, Rio sei an Aids gestorben.

Träume erfrieren

Rio Reiser war nicht nur ein begnadeter Sänger. Kino- und Fernsehfilme waren sein zweites Standbein.

Zu Beginn seiner Karriere begegnete Rio Reiser zwei Leuten, die sich später als Regisseur und Filmproduzent einen Namen machen sollten. Wolfgang Petersen (1941–2022) war Produktionsleiter der Beatoper *Robinson 2000*, die 1968 uraufgeführt wurde, drehte später für die ARD *Das Boot* und in Hollywood-Filme wie *Der Sturm* oder *Troja*. Und Chris Sievernich, der Ton Steine Scherben 1970 seinen alten Postbus lieh, damit sie zum Festival der Liebe in Fehmarn fahren konnten, kümmerte sich als Produzent um die Filme von Wim Wenders und John Hustons letzten Film *Die Toten*.

Mitunter stand Rio aber auch selbst vor der Kamera. In Hans Noevers Film-Groteske *Total vereist* spielt er einen Pianisten, der sich auf einer obskuren Beerdigungsfeier eine irre Session mit dem Conga-Trommler Dave Coleman liefert (die leider bis heute weder auf Vinyl noch als CD vorliegt). Laut Peter Möbius soll er mit seiner Rolle jedoch „nicht glücklich" gewesen sein und den Film als „misslungen" empfunden haben.

In letzter Minute hatte Rio auch die Hauptrolle des Films *Johnny West* übernommen, für die ursprünglich Herbert Grönemeyer vorgesehen war. Der Plot des Films, in dem auch Missus Beastly als The Manhattans auftraten, Friedemann Josch, der in den achtziger Jahren die Ethno-Beat-Band Dissidenten gründete, einen Bandleader mimte, und Kai Sichtermanns Freundin Angie Olbrich die Freundin des Managers, war denkbar einfach: Aus einem Roadie wird ein Gitarrist, woran die zarte Liebe zu einem weiblichen Fan, gespielt von Kristina van Eyck, zerbricht.

Für seine schauspielerische Leistung wurde Rio mit einem Filmband in Gold ausgezeichnet, der Film verschwand allerdings nach

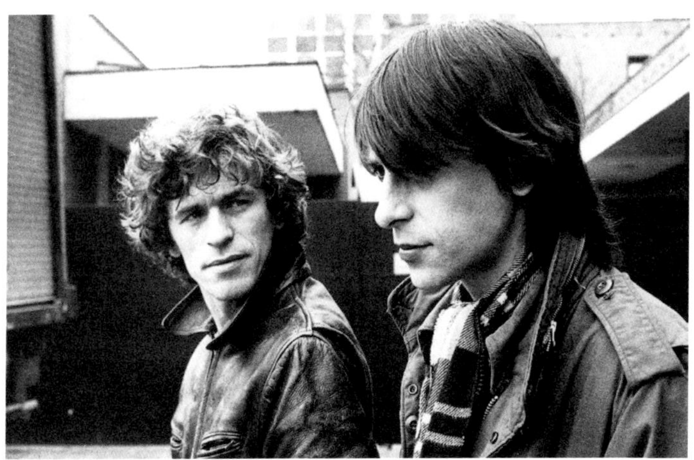

Filmband in Gold für seine Rolle in *Johnny West* – Rio Reiser (rechts)

nur sieben Tagen aus den Kinos, weil sein Verleih, die Constantin, Konkurs anmelden musste. Der Regisseur nahm sich bald darauf aus privaten Gründen das Leben, indem er aus dem Fenster sprang; Bernd Eichinger, der Geschäftsführer des Rechtsnachfolgers Neue Constantin, verbannte *Johnny West* schließlich zusammen mit einem Großteil des Repertoires ins Lager, wo die Kopie bis zur Wiederaufführung des Films 1999 rotstichig wurde.

Zwischen Fresenhagen und Berlin pendelnd, schrieb Rio auch die Musik zu Filmen, unter anderem von Hans Noever (*Die Nacht mit Chandler*), Gert C. Möbius (*Der achte Tag*) und Helmut Kopetzky (*Willy und die Kameraden*). Oder einen Text für den leidlich singenden Schauspieler Uwe Ochsenknecht, nachdem er mit ihm eine Folge der ARD-Krimiserie *Die Gang* gedreht hatte, die unter dem Titel *Liebeslied für eine Leiche* erst im Jahr nach Rios Tod ausgestrahlt wurde.

Im *Tatort* spielte er in der Folge *Im Herzen Eiszeit*, die unter der Regie von Hans Noever entstand, einen 68er namens Reinhard Kammermeier, der elf Jahre lang unschuldig im Knast saß, weil er bei einem Überfall auf Rudolph Moshammers Nobelboutique angeblich einen Wachmann getötet hatte. Seine Genossen von damals sind mittlerweile Regisseur einer Gameshow, Leiter einer Freizeitagentur oder Besitzer eines Motorradhauses und arriviert; als Kammermeier aus der Haft entlassen wird, bekommen sie es aber mit der Angst zu tun, als einer der ihren plötzlich getötet wird.

Rio hatte „schon ewig in keinem Film mehr gespielt“, und das sei halt doch was anderes gewesen, „als in einer Talkshow die neue Platte oder das erste Buch in die Kamera zu halten oder zu einem Playback die Lippen zu bewegen“, schrieb er in einem Sony-Info. Der *taz*-Rezensent Elmar Kraushaar verriss ihn trotzdem gnadenlos: „Der einstige Streetfighter kann nicht anders und spielt irgendwie nur sich selbst. Zeigt nur ein Gesicht mit ganz großen Augen und Trotz in den Mundwinkeln, egal, was passiert.“ Sein Fazit: „Besser, der Bildschirm wäre schwarz geblieben.“

Die Titelmelodie dieser *Tatort*-Folge, die von sieben Millionen Zuschauern eingeschaltet wurde, stammte von Rios letztem Soloalbum *Himmel & Hölle*. Im Song „Träume“ singt er: „Träume erfrieren, wenn niemand da ist, der sie träumen will.“

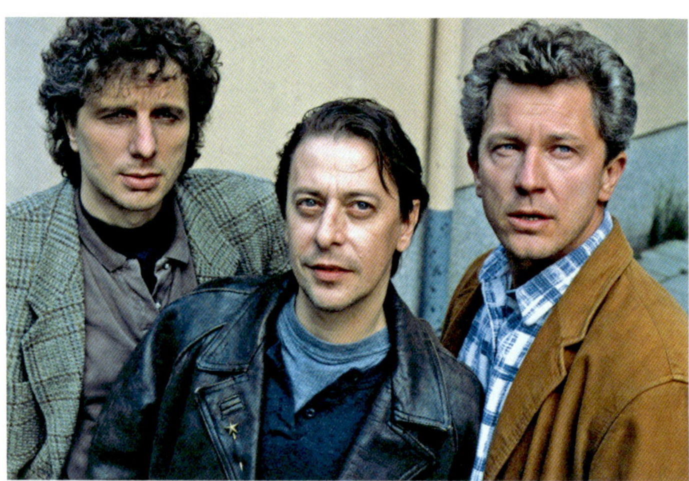

Rio und die Münchener Tatort-Kommissare
Udo Wachtveitl (links) und Miroslav Nemec

Liebe, Tod und Hysterie

Rio Reiser besaß schon reichlich Erfahrung mit Theatermusik, als er im Frankfurter Theater am Turm gemeinsam mit Lanrue ein Stück von Peter Hacks vertonte – *Moritz Tassow.*

Das Ensemble-Mitglied Hannes Eyber war nachhaltig beeindruckt: „Wir Schauspieler waren es ja gewohnt, wochenlang unsere Rollen einzustudieren – und da kamen jetzt zwei und haben innerhalb kürzester Zeit" – einer Stunde – „diese Hacks-Lieder vertont. Es war unglaublich!"

Gemeinsam mit Dietmar Roberg, Peter Erlach und dem Künstler Blalla hatten Gert und Peter Möbius 1964 ein Wandertheater gegründet, um die CSU wählende Landbevölkerung aufzuklären und zu bekehren. Rio wurde in das Projekt eingebunden und hatte gleich drei Genres zu bedienen: bayerische Volksmusik für die Legende vom Heiligen Florian, der vom römischen Kaiser wegen seines Pazifismus hingerichtet worden war; Couplets für Graf Poccis Harlekinade *Doktor, Tod und Teufel*, die mit dem Sieg des „guten Armen" über den „bösen Reichen" endete, und Variationen von *Beatles For Sale* für das Martyrium der Heiligen Katharina.

Für die Münchener Rote Rübe, damals Deutschlands profilierteste freie Theatergruppe, schrieben Rio und Lanrue, als sie bereits in Fresenhagen wohnten, die Musik zur Revue *Paranoia* und zu ihrem Stück *Liebe, Tod & Hysterie*. Und über die Rote Rübe lernten sie wiederum die Theatergruppe Brühwarm kennen, die Szenen aus dem schwulen Leben auf die Bühne brachte, sodass heterosexuelle Studenten ihre Neugier befriedigen und endlich mal leibhaftige Männer sehen konnten, die „anders" waren. Rio wurde schnell warm mit den schwulen Aktivisten um Corny Littmann. Nachdem er sie in München auf der Bühne gesehen hatte, kam er auf die Idee, Songs über das schwule Leben zu schreiben. Bei „Sonnenschein, Wind, Regen, Mond, Gewitter und Stromausfall“ nahmen Brühwarm und die Scherben im Sommer 1977 die LP *Mannstoll* auf, die live das Theaterstück *Männercharme* untermalte.

Nicht aus Absicht, sondern weil man sich „daran“ nicht mehr erinnern konnte, wurde ein Auftritt beim Brühwarm-Ball in der alten Hamburger Uni-Mensa in der Scherben-Chronik nicht aufgeführt. Die Atmosphäre war laut Corny Littmann „sowas von drüber und exzessiv“ gewesen. In einem Saal spielten die Scherben, und im anderen vögelte Rosa von Praunheim auf offener Bühne mit Frank Ripploh, der sich damals Peggy von Schlottgenberg nannte.

„Für Rio war es eine Befreiung, mit der brühwarmen Schwulentruppe zu leben und zu arbeiten“, schrieb Kai Sichtermann in *Keine Macht für Niemand*. „Er wurde offener, zugänglicher und ging mit der eigenen Homosexualität viel unverkrampfter um.“

Nachdem man gemeinsam das Album *Entartet!* und die Musik für die Revue *Nymphomannia* aufgenommen hatte, das unter anderem den „Shit-Hit“ und die Outing-Hymne „Raus (aus dem Ghetto)“ enthielt (die später zum Live-Repertoire der Scherben gehörten), soll Rio sich ernsthaft überlegt haben, die Scherben zumindest vorübergehend zu verlassen und mit Brühwarm auf Tour zu gehen. Ein Plakat, auf dem Rio als alternde Transe zu sehen war, war bereits gedruckt, doch im letzten Moment überlegte er es sich doch noch anders.

Abwechselnd in Fresenhagen und Berlin lebend, komponierte er für eine schwule *After Punk Show* von Transplantis im Tali-Kino die Musik. Für die *Märzstürme*, eine Revue über den Volksaufstand 1920, die von Hoffmanns Comic Teater 1981 in verschiedenen Städten des Ruhrgebiets aufgeführt wurde, schrieb er den Song „Jetzt schlägt’s dreizehn“, und in einer Befreiungsszene des von Peter Möbius inszenierten Stücks sang er erstmals ein Lied, das aus der Zeit der Revolution von 1848 stammte und das er später mit dem Hinweis „Achtet auf die Message!“ ansagte – „Auf einem Baum ein Kuckuck saß“.

Gemeinsam mit Peter Möbius, dessen Frau Sybille, Bruder Gert, Dietmar Roberg, Nikel Pallat und vielen anderen, die während der Aufnahmen mehr oder weniger zufällig reinschneiten, produzierten Ton Steine Scherben in Fresenhagen die Kinderplatte *Herr Fresssack und die Bremer Stadtmusikanten*. Das Stück endet mit der Schlacht am Igelberg, bei der der böse Zauberer Fresssack, ein Kapitalist wie aus dem Bilderbuch (!), der von Rio verkörpert wurde, mit vereinten Kräften vertrieben wird.

„Etwas anderes als den Tod finden wir überall" – dieses Credo der Bremer Stadtmusikanten machte sich Rio auch künftig zu eigen. Für die *Struwwelpeter Revue* und den *Feuerzirkus* von Hoffmanns Comic Teater schrieb er die Musik. Und für das Frankfurter TAT produzierte er, gemeinsam mit Lanrue, die Musik zu Dietmar Robergs Aufführung von *Martha, die letzte Wandertaube*.

Als Rainer Werner Fassbinder am TAT Intendant wurde, schrieb Rio für Peter Möbius' Frankfurt-Revue *Der Todessprung aus dem Kellerfenster* die Musik. Das Stück wurde allerdings, zum Entsetzen des gesamten Ensembles, zwei Wochen vor der Premiere von Fassbinder persönlich wieder abgesetzt.

Probleme gab es auch später, als Rio für das Schauspielhaus Chemnitz ein Musical komponierte, „das mit beinharter linker Gerade" die Henry-Maske-Story und Ödon von Horvath zusammenbrachte und das Boxen als Metapher für die Konkurrenz im Kapitalismus benutzte. „Was helfen die Fäuste in einer Welt, in der man unter Gebrauch der Ellenbogen am besten vorwärts kommt?", ließ er einen Trainer darin singen. Das Musical musste aber teilweise umgeschrieben werden, weil der Gentleman-Boxer Henry Maske „bestimmte Lebensumstände nicht auf der Bühne ausgebreitet wissen" wollte.

Als Rio 1995 in der Operette *Im Weißen Rößl am Wolfgangsee* einen kurzen Gastauftritt hatte und sich als Kaiser Franz Joseph auf die Bühne tragen ließ, schien er nicht mehr auf eigenen Beinen stehen zu können, aber das war nur gespielt. Das Ende schien nah, doch der Vorhang, der am Ende der Aufführung im Hamburger Tivoli fiel, war noch nicht der viel besungene „final curtain".

„Der Dämon hat ihn ganz schön gewalkt“

Anlässlich der Veröffentlichung seines ersten Soloalbums wurde Rio Reiser 1986 von der Hans-A-Plast-Schlagzeugerin Bettina Schröder-Polten gefragt, ob er vor Auftritten heimlich Drogen nehme.

„Ich trinke meine Schorle“, hatte er damals geantwortet, schließlich sei es immer eine Frage der richtigen Dosierung. Auf der Bühne sei er meistens aber wieder nüchtern. Bei Kokain, das er schon aus Rücksicht auf seine Stimme nicht nehme, bekäme er jedenfalls stets einen Brechreiz – „vor allem wenn es schlechtes Koks ist“. Und wenn er Haschisch rauchte, würde er sich fragen: „Warum stehe ich hier eigentlich auf der Bühne? Gibt es irgendwelche Gründe außer dem schnöden Mammon?“

Bei der einen Schorle blieb es aber nicht. Schon zu Scherben-Zeiten hatte Rio mit dem Kiffen aufgehört und stattdessen, wie alle anderen auch, im Übungsraum oder Studio Jim Beam getrunken. Auf Tournee hatten Rio, Lanrue und Kai oft gleich nach dem Frühstück den ersten Underberg in sich reingekippt. Später trank er dann, auch da war er keine Ausnahme, gerne Tullamore Dew oder Grappa und schließlich Martini oder, wenn der nicht zu bekommen war, eben Cinzano.

„Wenn er mal halbwegs nüchtern war, hat er ‚nur‘ zehn Flaschen Wein pro Woche getrunken, das war dann mal 'ne Leistung“, erinnerte sich später sein ehemaliger Freund Misha Schöneberg. Dann sei er „ein richtig lieber, netter Mensch“ gewesen. Sobald aber Leute dazukamen, wurde erst mal gesoffen. Dann hätte er mitunter Schaum vorm Mund gehabt und konnte richtig widerlich werden. „Der Alkoholrausch ließ das Dunkle und Böse in ihm zum Vorschein kommen.“

Über alle Drogen konnte Rio reflektieren und auch immer wieder Abstand zu ihnen gewinnen. Nur nicht zum Alkohol. Nachdem er gelesen hatte, dass Goethe sein Viertele Wein zum Arbeiten brauchte, wollte er das auch. Nur blieb es bei ihm nicht bei einem Viertele. Und wenn man sich um seine Gesundheit sorgte und sich weigerte, Alkohol heranzukarren, hätte er gemeint: „Nimm einem Künstler seine Droge nicht weg!“ Dann hätte man seine Kunst bedroht. An diesem Punkt „hatten wir dann richtig Zoff“, erzählte Schöneberg, „denn ich sah ihn als so viel größer an – als einen Künstler, der aus der Fülle seiner Seele schöpft“.

„Wenn er getrunken hatte, war dem keiner gewachsen“, fand auch Hannes Eyber. Zum Schluss sei er gezeichnet gewesen vom Alkohol und sein Zustand schon extrem desolat. Doch Rio habe bis zuletzt geglaubt, die Sauferei im Griff zu haben. „Der Dämon hat ihn ganz schön gewalkt.“

Beim Schreiben habe er immer seinen Pegel gehalten, betrunken war er nur, wenn jemand was von ihm wollte oder Schnaps mitbrachte. Dann konnte man „die Uhr danach stellen, wann Rio ins Bett ging oder ohnmächtig wurde“. Das sei ja gerade das Phänomen bei schweren Alkoholikern, dass sie sich zusammenreißen könnten und phasenweise blitzklar seien, „klarer als du und ich“. Als er mit ihm einmal darüber gesprochen habe, ob er nicht eine Therapie machen wolle, habe er, Eyber, dabei Wein getrunken, weil ihm das Gespräch so schwergefallen sei, Rio jedoch nicht. Der habe ihn am Ende vielmehr gefragt, wer von ihnen denn nun eigentlich besoffen sei. „Als Freund“, sagte Hannes Eyber mit leiser Stimme, fast flüsternd, „als Freund hat man sehr die Augen zugemacht.“ Da sei er nicht mehr an ihn rangekommen, „da war ich nicht der richtige Mann“.

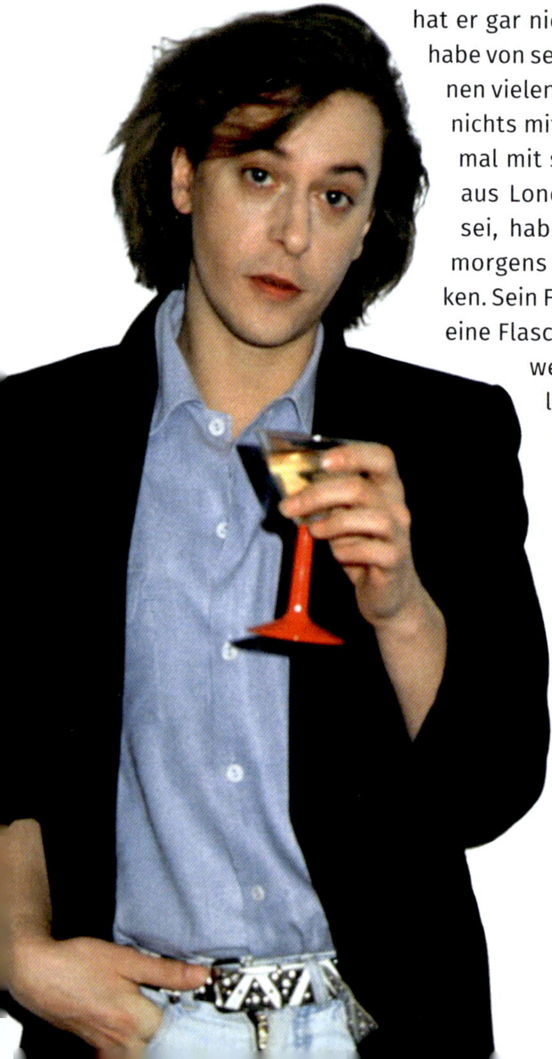

„Wenn Rio besoffen war, redete er auch dummes Zeug, war eklig und gehässig, aber das kam selten vor." Wenn er mit ihm zusammengearbeitet habe, sei das zumindest nie der Fall gewesen, erinnerte sich Peter Möbius. Getrunken habe sein Bruder nur, „weil er unglücklich war, sich ein Ventil schaffen wollte, um etwas rauszubrüllen und die Welt anzuklagen". Dann sei seine „böse Seite" zum Vorschein gekommen. „Ich habe ihn nicht als Alkoholiker erlebt. Über seine Gefühle hat er gar nicht so viel erzählt. Ich habe von seinem Unglück, von seinen vielen Affären so gut wie gar nichts mitgekriegt." Als Rio einmal mit seiner, Peters, Tochter aus London zurückgekommen sei, habe er allerdings schon morgens angefangen zu trinken. Sein Freund Niels habe dann eine Flasche Martini geholt, und weil er so unausstehlich gewesen sei, habe er, Peter, ihn, Rio, an ihre Großmutter erinnert, die im späten Alter immer Klosterfrau Melissengeist getrunken und dann nicht mehr gewusst habe, was sie tue. Sie habe dann ebenfalls gehässiges Zeug geredet, sei furchtbar eifersüchtig gewesen und habe Freunden an den Haaren gerissen. „Er hat nicht genug Liebe gehabt, das hat nicht gereicht, das hat ihn unglücklich gemacht", glaubte Peter Möbius. Doch er habe versucht, „diese Gefühle im Brecht'schen Sinne als Fundus zu nehmen und mit der Vernunft zu klären".

Bruder Gert sah das ähnlich. Rios Alkoholproblem würde „reichlich übertrieben". Es sei ja nicht so gewesen, dass er von morgens bis abends Schnaps getrunken habe, „wie Maffay, der [zeitweise] zwei Flaschen Whisky am Tag trank". Rio habe das ja nur getan, „wenn er sich geärgert hat". Alkoholiker sei er jedenfalls nicht gewesen. Und nachdem er „diese Lebergeschichte" gehabt habe, „durfte er ein halbes Jahr sowieso gar nichts trinken".

Eine „schreckliche Vorahnung" hatte hingegen Nikel Pallat gehabt, nachdem er sich 1996 zu Vertragsverhandlungen mit Rio im Hotel Hafen Hamburg getroffen hatte. Weil er mal sein Manager gewesen war, und Manager nun mal die Rechnungen übernehmen, bezahlte er die Getränke und stellte plötzlich fest, dass auf der Rechnung auch ein paar Gin Tonic standen. „Verdammt nochmal", dachte Pallat, „das wird kritisch." Ihm war während ihres Gesprächs gar nicht aufgefallen, dass Rio Gin Tonics getrunken hatte. Allerdings war er sich auch sicher, dass es nichts gebracht hätte, ihn darauf anzusprechen. Denn Rio habe „so gut wie nie das gemacht, was andere für richtig hielten, sondern immer das, was er in diesem Moment tun wollte, auch wenn ihm selbst klar war, dass seine Lebensweise selbstzerstörerisch war". Da habe man keine Chance gehabt, zu ihm durchzudringen.

Nehmt mir die Krone ab!

Zehn Jahre, nachdem er sich selbst zum „König von Deutschland" erklärt hatte, nahm Rio Reiser für Sony sein sechstes und letztes Soloalbum auf, *Himmel & Hölle*. Im Song „Hoffnung" sang er darauf: „Nehmt mir die Krone ab, die mich erdrückt, nehmt mir die Krone weg, nehmt sie zurück. Ich weiß, irgendwo ist da ein Licht, doch ich kann euch nicht führen, denn ich weiß den Weg nicht."

Er hatte sich damit abgefunden, dass er den Tag der Weltrevolution nicht mehr erlebe, aber noch immer gehofft, „dass er kommt". Auch hatte er nie aufgehört zu kämpfen, obwohl jede neue Generation ihn als Verräter brandmarkte, weil sie „irre viel" in ihn reinprojizierte und so zwangsläufig enttäuscht wurde, weil er ihre Erwartungen gar nicht erfüllen konnte. Er war es aber auch leid, sich ständig rechtfertigen zu müssen, weil er nicht dem Bild entsprach, das manch einer sich von ihm gemacht hatte, und stellte unmissverständlich klar: „Ich bin nicht Jesus, aber auch kein Yuppie."

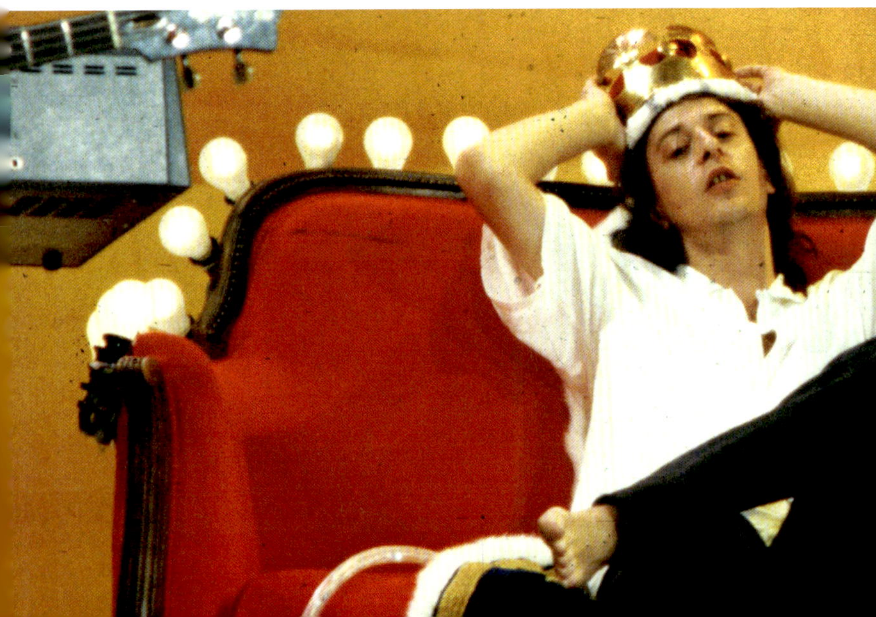

Am Abend vor seinem Tod hatte er in seinem „schwedischen Bett" gelegen und sich mit Jan Bajen bis zum frühen Morgen ausgemalt, wie es wäre, wenn sie mit einem Zeppelin um die ganze Welt reisten, während Lanrue im Hinterhaus eine Platte auflegte, die er „nur alle zehn Jahre mal" hörte – Mozarts *Requiem*.

Der 20. August 1996 war ein sehr warmer und schwüler Tag – richtiges Kreislaufwetter. Vormittags spuckte Rio Blut, doch er war zuversichtlich, dass es ihm bald wieder besser gehe. Am frühen Nachmittag fand Jan Bajen, zurück von einem Spaziergang mit Rios Tibet-Terrier Alfa, seinen Freund aber tot vor. Als Todesursache wurden ein Kreislaufzusammenbruch und ein Herzstillstand angegeben.

In Rios Arbeitszimmer fand man die Bibel, in der er täglich gelesen hatte, um sein Sprachgefühl zu schulen. Sie war bei Jesus Sirach aufgeschlagen: „Die Wurzel der Pläne ist das Herz. Vier Reiser wachsen daraus hervor: Gutes und Böses, Leben und Tod. Doch die Zunge hat Gewalt über sie alle."

Die Nachricht vom Tod des Königs von Deutschland schockierte Freunde, Fans und Kollegen. Aber auch das Bundeskriminalamt kondolierte und schickte eine Trauerkarte: „Von denen, die ihn immer begleitet haben."

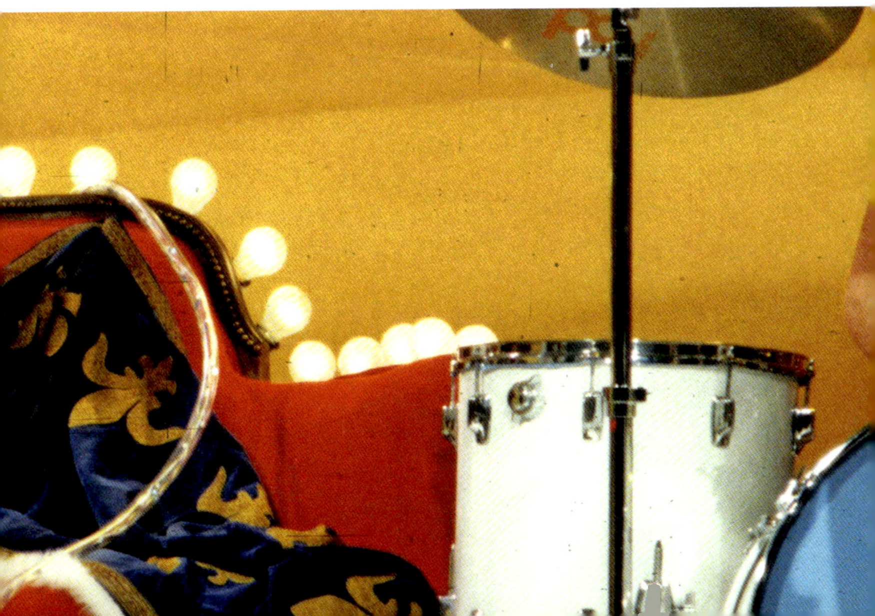

Rio Reiser Haus

Der Bauernhof, auf den sich Ton Steine Scherben 1976 nach ihrer Flucht aus Berlin zurückgezogen hatten, wurde nach dem Tod ihres Sängers in Rio Reiser Haus umbenannt.

Rios Bruder Peter Möbius zufolge sollte der Hof in Fresenhagen „kein Ort sentimentaler Erinnerung sein, sondern ein Ort der Ermunterung“. Dort, wo Rio Reiser begraben lag, sollte auch „sein guter Geist“ lebendig bleiben.

Ein auf Initiative von Rios Brüdern gegründeter Verein Rio Reiser Haus e. V. sollte dazu ermuntern, das Leben in Rios Sinne „mit schöpferischer Neugier zu erforschen, es zu erkämpfen und zu genießen“. Denn, so hatte es zumindest in der Einladung an seine Freunde und Mitstreiter gestanden: „Rio lebt, weil wir noch nicht gestorben sind.“

Als Zweck des Vereins wurde der Erhalt und die Nutzung des Hofes in Fresenhagen angegeben, der „ein Ort der Begegnung und des Austausches“ werden sollte, von der Tageszeitung *Junge Welt* aber als Versuch gebrandmarkt wurde, „eine an den Lady-Di-Verwurstungskitsch gemahnende alternative Rio-Reiser-Gedächtnisindustrie zu etablieren“.

Statt eine Stiftung zu gründen, stritten sich Rios gesetzliche Erben aber mit Lanrue, der als einziges Bandmitglied außer Rio nach der Auflösung von Ton Steine Scherben dort wohnen geblieben war, um den hochverschuldeten Hof. Solange, bis der schließlich entnervt das Handtuch warf und nach Portugal auswanderte. Kurz vor der Zwangsversteigerung erwarb dann Ingrid Pilch, die Lebensgefährtin von Rios Bruder, das Anwesen.

Eine Zeit lang sah es so aus, als ob die hehren Ziele des Vereins Rio Reiser Haus doch noch verwirklicht würden: 2004 veranstaltete er in Fresenhagen ein Open-Air-Festival, auf dem neben der NDW-Band Die Fehlfarben und der obligatorischen Marianne Rosenberg auch die Nummer-1-Band Söhne Mannheims auftrat. Es wurde jedoch so dilettantisch organisiert, dass die einzige Zufahrtsstraße, die direkt durch das Dorf führt, total verstopft war und ein Großteil des erwarteten Publikums das Festivalgelände gar nicht erst erreichte. Obwohl es dennoch sehr gut besucht war und alle Bands umsonst aufgetreten waren, produzierte man angeblich rote Zahlen im fünfstelligen Bereich.

Drei Jahre später eröffnete man auf dem Dachboden eine Art Museum, in dem auch jene Axt ausgestellt wurde, mit der Nikel Pallat einst in einer Talkshow versucht hatte, einen Tisch zu zerhacken – allerdings war es nicht das Original, sondern ein Beil neueren Datums. Und von der Zimmervermietung an Fans und Urlauber und einem provisorisch eingerichteten Café Junimond versprach man sich Einnahmen, die wenigstens die anfallenden Kosten deckten. Dem von Gert C. Möbius als „Geschäftsführer" des Rio Reiser Hauses eingesetzten ehemaligen Rhythmusgitarristen von Ton Steine Scherben, Marius del Mestre, waren jedoch die Hände gebunden, weil es beispielsweise der Küche an Minimalvoraussetzungen wie einem Fettabscheider mangelte und man somit auf gastronomische Angebote verzichten musste.

Nachdem es zwischen den verbliebenen Mitgliedern von Ton Steine Scherben und Rios Erben immer öfter zum Streit gekommen war, brach jemand in del Mestres Wohnung ein. Als sich herausstellte, dass Rios Erben die vermeintlichen Einbrecher waren, zog er seine Anzeige zwar zurück. Kurz darauf wurde ihm aber gekündigt und er musste aus Fresenhagen ausziehen.

Anschließend rottete das mittlerweile als einfaches Kulturdenkmal eingestufte Rio Reiser Haus mehr und mehr vor sich hin und wurde u. a. an einen Verein für therapeutisches Reiten und eine Jugendhilfeeinrichtung vermietet. Im Oktober 2014 wurde der sogenannte Rio Reiser Hof schließlich im zweiten Anlauf zwangsversteigert. Den Zuschlag erhielt die einzige Bieterin, Beate Giesers-Kaufmann, eine Unternehmerin aus Niederkrüchten bei Mönchengladbach, die die Geschichte des Hofes angeblich nicht gekannt hatte.

Lieder, die das Leben singt

Nach Rios Tod wurde sein Leben in zahlreichen Theaterstücken dargestellt und verfilmt.

In Hanno Brühls Dokumentarfilm *Orte des Glücks* war Rio einst zu sehen, wie er in der Badewanne saß und in der Bibel las. Als die Bremer Shakespeare Company nach seinem Tod das Stück *Rio Reiser – Der Kampf ums Paradies* aufführen wollte, um „die Widersprüche zwischen politischem Anspruch, individuellem Glücksanspruch und dem als Musiker" nachfühlbar und befragbar zu machen, protestierten Rios Brüder und Musiker der Scherben jedoch während der Proben, um „eine realitätsnähere Darstellung" ihrer Lebensweise durchzusetzen. Rios Homosexualität spielte dabei allerdings nicht, wie kolportiert wurde, eine Rolle; kritisiert wurde vielmehr, dass Rio als Fixer dargestellt wurde – der er nie war – und in der Badewanne dahinsiechte.

Aus der Auseinandersetzung mit diesem Stück entwickelten Jens Hasselmann und Sebastian Mirow später die Nahaufnahme *Stiller Raum*; Hasselmann spielte zudem Lanrue in Heiner Kondschaks *König von Deutschland – für immer und dich*, das mit großem Erfolg am Landestheater Württemberg-Hohenzollern in Tübingen lief.

Einen „Arbeiterliederabend ohne Verdi", aber mit Liedern von Rio inszenierten Franz Wittenbrink und Frank Castorf im Schauspielhaus Hannover unter dem Titel *Brüder zur Sonne zur Freiheit*. Anlässlich eines Gastspiels im Rahmen der Ruhrfestspiele wies Castorf darauf hin, „dass alle Welt" jetzt wieder den Rio Reiser von „Macht kaputt, was euch kaputt macht" entdeckt, nicht mehr nur den Rio Reiser von „Junimond": „Vielleicht ist es nur eine revolutionäre Phrase wie ein Che-Guevara-T-Shirt, aber dass man überhaupt wieder anders denken will, dass man eine andere Wildheit versucht für sich zu forcieren, das ist mir nicht unsympathisch. Diese Dekadenz, in der wir im Theater wohl versorgt leben, die kotzt einen irgendwann so an, dass man wieder an das Schwarzbrot will."

Die „überraschende Erkenntnis", dass Georg Büchner und Rio Reiser „sich derart blendend verstehen", versöhnte hingegen das *Hamburger Abendblatt* mit dem „Überangebot an Pathos", das die Theatertruppe Elfen im Park 2004 an den Tag gelegt hatte, als sie ihr Gartenmusical *Leonce und Lena* im Hamburger Wohlerspark mit Songs von Rio Reiser unterbrach.

Ebenfalls in Hamburg, aber im Schauspielhaus, sang Jan Plewka, der im Fernsehfilm *Alles Lüge – die Wahrheit über Rio Reiser* die Hauptrolle spielte, Rios Lieder. „Er hat das so wunderbar gemacht, so zärtlich und ehrlich und fröhlich und herzlich, dass man ihn nach dem Konzert hätte umarmen mögen", begeisterte sich Jan Oberländer nach einem Gastspiel im Berliner Festspielhaus. „An Reisers Traum von einer neuen Welt, in der niemand Macht hat und alles allen gehört", mochte Oberländer nicht mehr so recht glauben. Mit Rios Liebesliedern habe der ehemalige Sänger der Deutsch-Rock-Band Selig aber sein Vorbild erreicht – „mit dem Herz auf der Zunge".

Das konnte man von dem Kinofilm *Der Traum ist aus* oder *Die Erben der Scherben* leider nicht sagen. Regisseur Christoph Schuch stellte darin zwar aktuellen Rock-Bands die Frage, „was am Beginn des 21. Jahrhunderts von ihrem Engagement für eine klassenlose Gesellschaft und den Ideen von 1968 übrig geblieben" sei, die meisten konnten sie aber nicht beantworten, weil sie bisweilen mit Rios Werk nicht sonderlich vertraut waren.

In der Musikzeitschrift *Sounds* waren die Scherben einst als „Sloganmaschine der linken Bewegungen" bezeichnet worden. In Gregor Schnitzlers Komödie *Was tun, wenn's brennt* über sechs ehemalige Kreuzberger Hausbesetzer tauchten ihre Parolen „Keine Macht für Niemand" und „Macht kaputt, was euch kaputt macht" als Grafitti an Hauswänden auf. Die Anfangsszene von Volker Schlöndorffs Terroristen-Epos *Die Stille nach dem Schuss* zeigte wiederum ein Scherben-Cover neben einer Marx-Büste, einem Hendrix-Poster und einem Brecht-Gedicht.

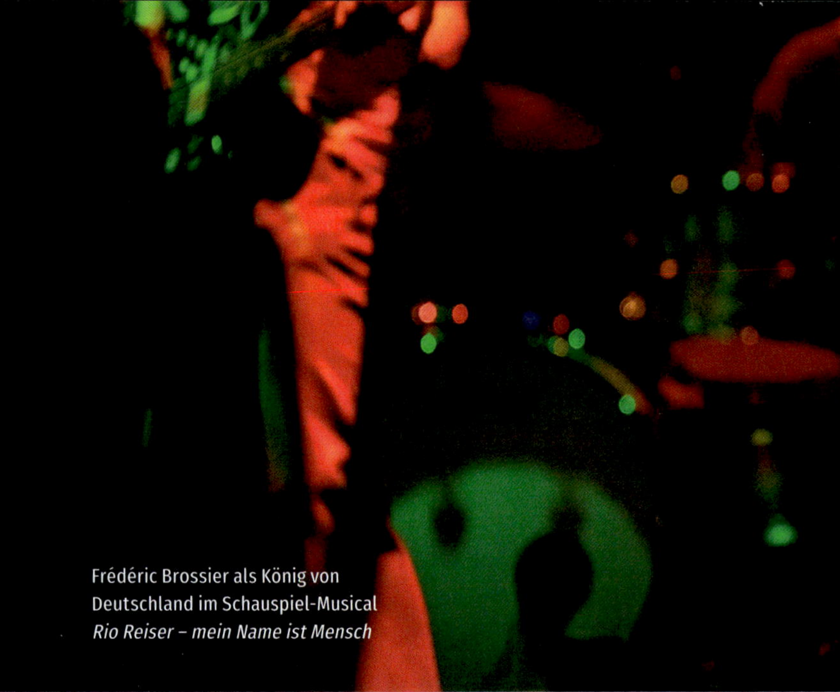
Frédéric Brossier als König von Deutschland im Schauspiel-Musical *Rio Reiser – mein Name ist Mensch*

In Hans-Christian Schmids *Porträt 23* des Computerhackers Karl Koch hört der den „Rauch-Haus-Song“; bei der Beerdigung des echten Karl Koch wurde hingegen „Wenn die Nacht am tiefsten“ auf einem mitgebrachten Kassettenrekorder abgespielt. Und in Fatih Akins Kinofilm *Solino* durfte natürlich ein Scherben-Song ebenfalls nicht fehlen – „Ich will nicht werden, was mein Alter ist“.

Nach *Lucifers Matches* und *Struwwelpeter* setzte das Würzburger Theater am Neunerplatz seine Reihe der poetisch-surrealen Musiktheaterproduktionen mit einer Revue im Niemandsland fort. In der musikalischen Reise mit Liedern von Rio Reiser und Ton Steine Scherben wurden die Scherben von Rios Raben dargestellt, einer eigens für dieses Projekt zusammengestellten Band.

Das BKA-Theater am Berliner Mehringdamm veranstaltete nach Rios Tod ein literarisches Konzert mit Flut aus Bremen über ihn und andere Engel. In Salzburg sang Stefan Schubert 2001 Lieder von Rio Reiser. Der Scherben-Keyboarder Martin Paul trug 2002 zusammen mit Ingeborg Wunderlich *Lieder, die das Leben*

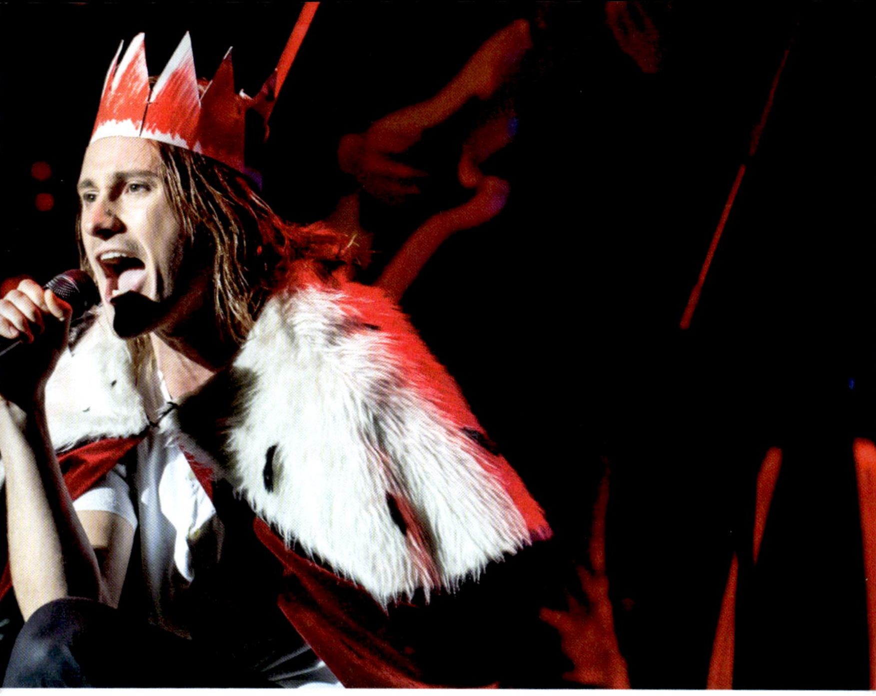

singt vor. Das Landestheater Württemberg-Hohenzollern Tübingen erwies dem König von Deutschland 2004 mit dem Stück *Für immer und dich* seine Reverenz. Das Gerhard-Hauptmann-Theater Zittau inszenierte 2005 einen musikalischen Abend mit Songs von Rio Reiser: *Bis zum letzten Ton*. Ein Rio Reiser Projekt zollte ihm 2018 mit einem Konzertabend im saarländischen Bildungszentrum Kirkel Tribut. Und nachdem Jan Plewka, begleitet von der Schwarz-Roten Heilsarmee, mehr als 200 Mal Rios Lieder in ausverkauften Häusern gesungen hatte, produzierte er unter der Regie von Tom Stromberg einen zweiten Liederabend mit Songs von Ton Steine Scherben. *Wann, wenn nicht jetzt* wurde erstmals 2019 im Hamburger Kampnagel-Theater aufgeführt, das in jener Fabrik untergebracht ist, die 1983 besetzt worden war. Damals war auch Rio Reiser dort aufgetreten und hatte solo Lieder von Hans Albers und Marlene Dietrich, Chuck Willis und den Rolling Stones gesungen und sich selbst am Flügel begleitet. Für Rios Freund Corny Littmann waren das die eindrucksvollsten Konzerte, die er von ihm je gesehen hat.

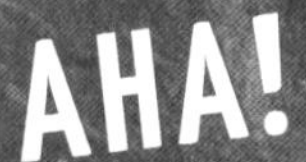

Geflügelte Worte

Von nichts kommt nichts. Rio las täglich in der Bibel und schulte so sein Sprachgefühl an der sehr kräftigen, bunten und lebhaften Luthersprache.

In seiner Laudatio auf Rio Reiser, die Herbert Grönemeyer anlässlich der posthumen Verleihung der Eins-Live-Krone an ihn für sein Lebenswerk im November 2001 hielt, hob er hervor, dass Rio „aus der deutschen Sprache gesungen" habe, „was rauszuholen ist".

Zwar wollte er Zeit seines Lebens nicht nur als Texter wahrgenommen werden, sondern auch als Musiker und Komponist, so manche der von ihm erdachten oder verwendeten Songzeilen gingen jedoch in unsere Alltagssprache über oder wurden zu allseits verbreiteten Redewendungen.

So leitete Robert Beck im April 2000 auf einer Tagung in Lyon sein Referat über „Zeitrhythmen in der städtischen Gesellschaft", in dem er sich mit der Geschichte des blauen Montags als revolutionärem Element in der frühindustriellen Gesellschaft im Frankreich des 19. Jahrhunderts befasste, mit einem Rio-Zitat ein: „Für mich heißt das Wort zum Sonntag ‚Scheiße', und das Wort zum Montag ‚Mach mal blau.'"

Ein Flugblatt, das sich im Dezember desselben Jahres gegen die beabsichtigte Räumung des Hamburger Stadtteilzentrums Rote Flora wandte, endete mit dem Scherben-Zitat: „Wenn wir uns erst mal einig sind, weht glaub ich 'n ganz anderer Wind."

Der CDU-Politiker Robert Heinemann bezeichnete in einer Debatte über den Bildungshaushalt im Hamburger Stadtparlament im Juni 2004 Etatvorschläge der Opposition als „Rio-Reiser-Anträge" und legte der SPD-Bildungsexpertin Britta Ernst eine Textzeile seines größten Hits in den Mund: „Das alles und noch viel mehr würde ich machen, wenn ich König von Deutschland wär."

In einem Aufruf zum Wahlboykott hieß es im September 2002: „Wir können nur wählen, welche Diebe uns bestehlen!“ Und ein Sonderheft zur Bundestagswahl 2005, die zu einem Patt zwischen SPD und CDU geführt hatte, betitelte *Der Spiegel* mit der Scherben-Forderung „Keine Macht für Niemand“.

Wie tief Rios „Allerweltsparolen“ im Alltagsbewusstsein verankert sind, zeigte sich im Oktober 2004 auch, als kurz vor dem Anpfiff der Regionalliga-Partie zwischen dem FC St. Pauli und Fortuna Düsseldorf der Song „Allein machen sie dich ein“ aus den Lautsprechern ertönte und St.-Pauli-Fans ein 200 Meter langes Transparent enthüllten, mit dem sie gegen die Unterdrückung und Kriminalisierung von Fußballfans in deutschen Stadien demonstrierten.

Nach seinem Tod tauchte der „König von Deutschland“ in einem Kreuzworträtsel der FAZ auf: „Bei der Bundeswehr gäb’ es nur noch Hitparaden/Ich würde jeden Tag im Jahr Geburtstag haben/Im Fernsehen gäb’ es nur noch ein Programm:/Robert Lembke 24 Stunden lang (Das alles und nicht viel mehr – wollt’ er machen, wenn er König von Deutschland wär’; Vorn.).“ Und im Rahmen der Feierlichkeiten zum 50-jährigen Jubiläum von Ton Steine Scherben wurde im Berliner Brechthaus 2021 darüber diskutiert, was Germanisten zum Verständnis ihrer Songs beitragen können.

In einem Interview mit dem hannoverschen Stadtmagazin *Schädelspalter* hatte Rio Reiser selbst 1986 gesagt, Bildung zeige nur an, welcher Klasse man angehöre, habe aber nichts mit Intelligenz zu tun. Der Liedermacher Heinz Rudolf Kunze fand diese Aussage so schrecklich, dass er daraufhin in einem Leserbrief forderte, „diesen Revolutionsstrizzi nach jeglicher Revolution an den nächsten Laternenpfahl“ zu knüpfen.

Die größte Sauerei aller Zeiten

Wenn Songs trivialisiert, falsch oder verzerrt reproduziert oder zu Waren werden, spricht man von kultureller Enteignung.

Nach Rios Tod wollte ein hessischer CDU-Politiker seinen Hit „König von Deutschland" umdichten: „Wenn ich Oberbürgermeister von Kassel wär". Und der Helmut-Kohl-Imitator Hans-Jürgen Schupps wollte aus dem König einen Kanzler machen: „Ich hol den Mantel der Geschichte aus dem Schrank/Und dann ging's wieder aufwärts, Gott sei Dank!" Beides erlaubten Rios Erben aber nicht, und auch Angela „Angie" Merkel durfte nicht Königin werden, sodass sie sich bei den Stones bedienen musste, als 2005 ein Wahlkampfschlager gesucht wurde, dessen Refrain das Volk mitsingen konnte.

Dem Freizeitpark Legoland wurde hingegen erlaubt, mit dem Song „König von Deutschland" zu werben. Und Rios zehnter Todestag war kaum vorbei, da läutete „Europas Elektrofachmarkt Nummer Eins" mit einem abgeänderten Refrain des Liedes eine neue Werbekampagne ein – die „größte Sauerei aller Zeiten". In den Spots, die monatelang im Radio und im Fernsehen gesendet wurden, hieß es nun: „Saubillig und noch viel mehr – würd' ich kriegen, wenn ich Kunde bei MediaMarkt wär'!"

Diesen Ausverkauf von Rios Idealen bezeichnete der Vorsitzende des Vereins Rio Reiser Haus, Peter Möbius, auch noch als „Werbekampagne für Ton Steine Scherben und Rio Reiser".

Die Scherben waren darüber allerdings keineswegs glücklich und kommentierten die Ramschaktion in *Zapp*, dem Medienmagazin des NDR: „Das, wofür Rio gestanden hat, sein ganzes Leben, seine ganze Kreativität, sein Menschsein, wenn man sich vorstellt, dass das auf die Weise, so verdreht, jetzt bei den Menschen ankommt, das ist schon mehr als traurig." Ihr ehemaliger Schlagzeuger Wolfgang Seidel resümierte treffend: „Es zeigt, dass wirklich alles zur Ware wird, auch der Protest oder die Verzweiflung." Das Satiremagazin *Extra 3* meinte, dass die Bundeswehr jetzt nicht mehr allein für Leichenschändungen verantwortlich sei. Und im Forum der Website rioreiser.de dichtete ein enttäuschter Fan: „Saubilliiiiiiig und noch viel meeeehr geben sie Rio für jeden Scheißdreck her."

Dass Jahre später auch ein Baumarkt mit der zentralen Scherben-Parole „Macht kaputt, was euch kaputt macht" für sich warb, kümmerte ihren Gitarristen jedoch „nicht wirklich". Im Münchener Stadtmagazin *curt* verwies er darauf, dass auch im Werbespot eines Online-Versandhandels im Hintergrund ihr Songtitel „Keine Macht für Niemand" zu sehen war, und staunte, „wie wenig Ideen" die Werbebranche habe: „Dass sie das nötig haben, ist ein Armutszeichen für die Kreativabteilungen."

Nicht vermeiden ließ sich auch, dass ausgerechnet rechtsradikale Bands Songs von Ton Steine Scherben wie „Allein machen sie dich ein" oder „Der Kampf geht weiter" coverten. Lanrue: „Es ist schwer, dagegen anzukommen bzw. weiß ich nicht, wie man sich dagegen wehren sollte." Wenn man einen Song bei der Verwertungsgesellschaft GEMA anmelde, könne er eben von jedem gecovert werden. „Das kann man leider nicht vermeiden."

Echt und falsch

„Zauberland“ ist angeblich ein Abgesang auf die DDR, „Junimond“ ein Song der Teenieband Echt und Angie Olbrichs „Requiem“ ein Nachruf auf Rio Reiser.

Den Text von Rio Reisers Ballade „Zauberland“, in dem es hieß, dass es abgebrannt sei, hatte sein Freund Misha Schöneberg geschrieben, der am 9. November 1989 nach dem Scheitern ihrer Beziehung in Fresenhagen ausgezogen war. Rios Manager George Glueck zufolge hatte der Song eigentlich bereits auf Rios zweitem Soloalbum veröffentlicht werden sollen, aus Gründen, die Schöneberg im dunklen Bereich von Rios Seele ansiedelte, war er jedoch liegen geblieben. Man hatte sogar über eine deutsche Version von Julio Iglesias gewitzelt, doch Rio sei seinerzeit gekränkt gewesen, weil so viel Aufhebens um das Lied gemacht wurde.

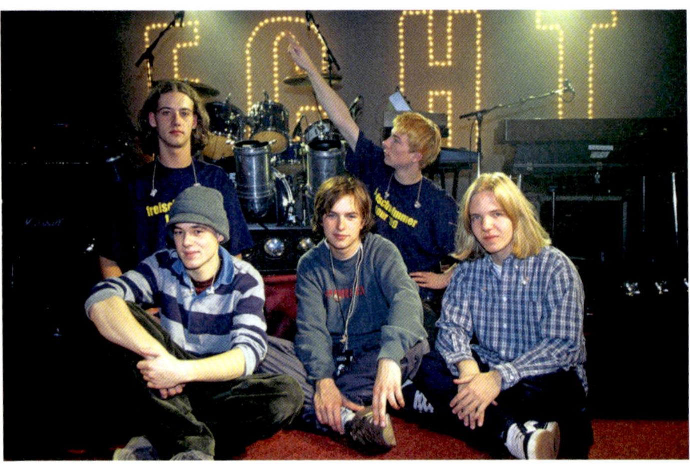

Populärer Irrtum: „Junimond“ war (k)ein Song der Teenieband Echt

Als der Song nach der Wende schließlich auf Rios viertem Soloalbum erschien, wurde er prompt als Abgesang auf die DDR interpretiert, zumal das Video dazu Breschnew und Honecker beim Bruderkuss zeigte. Gemeint hatte Schöneberg jedoch ein anderes Zauberland, das abgebrannt war – die Freie Republik Fresenhagen mit ihrem „Traum von Liebe".

Den Song „Junimond" hatte Rio wiederum gemeinsam mit Martin Paul geschrieben, und er war seinerzeit als Scherben-Demo auch Plattenfirmen angeboten worden, ohne dass die das Potenzial dieser einfühlsamen Ballade erkannten, die heute längst ein Evergreen ist. Die Teenieband Echt coverte den Song, der erstmals auf Rios Soloalbum *Rio I.* veröffentlicht wurde, Jahre später stilecht für die Verfilmung von Benjamin Leberts Erfolgsroman *Crazy* und landete damit im Juli 2000 auf Platz 12 der Charts. Von ihrer Kollegin Sabrina Setlur wurde sie dafür gelobt: „Es geht mir unter die Haut. Es ist einfach ein supergeiles Lied. Und Kim bringt es auch sehr schön rüber." Manch einer glaubt deshalb noch immer, dass Echt den Song nicht nur gecovert, sondern auch geschrieben hätten.

Unter dem wenig originellen Projektnamen Die Nachtfalter veröffentlichte Kai Sichtermann 1998 das Album *träume tod erinnerung*, zu dem auch Angie Olbrich ihr „Requiem für einen Freund" beisteuerte. Kongenial begleitet von dem Akkordeonisten Carsten Eckstaedt und dem Jazztrompeter Uli Beckerhoff, traf sie genau die melancholische Stimmung, in der sich Rios Freunde nach seinem Tod befanden. Den musikalischen Nachruf hatte sie jedoch bereits vor Reisers Tod geschrieben, und er war auch nicht auf ihn gemünzt, sondern auf ihren Kater.

Cover I

Die Songs von Rio Reiser und Ton Steine Scherben wurden vor allem nach Rios Tod von vielen Bands gecovert.

Eine Auswahl:

Angels Blue – Träume

John Banse – Mein Name ist Mensch

Blixa Bargeld – Allein machen sie dich ein

Bosse – Warum geht es mir so dreckig

Braut der Brüder Chor – Gefahr

Clueso – Komm schlaf bei mir

Die Fehlfarben – Nicht nochmal

Echt – Junimond

Ferris MC – König von Deutschland

Fettes Brot – Ich bin müde

Freundeskreis – Halt dich an deiner Liebe fest

Niels Frevert – Wann?

Freygang – Ich will nicht werden, was mein Alter ist

Herbert Grönemeyer – Übers Meer

Nina Hagen – Der Traum ist aus

Marlene Jaschke – Vier Wände

Schorsch Kamerun feat. Universal Gonzalez – Menschenjäger

Keimzeit – Mensch Meier

Klee – Lass uns ein Wunder sein

Knabenchor Omnibus — König von Deutschland

Klaus Lage – Zwischen Null und Zero

Annett Louisan – B-Seite

Ulla Meinecke – Junimond

Reinhard Mey – Zauberland

Nena – Schritt für Schritt ins Paradies

Jan Plewka & die Schwarz-Rote Heilsarmee – Macht kaputt, was euch kaputt macht

Marianne Rosenberg – Der Traum ist aus

Sido – Geboren um frei zu sein

Slime – Ich will nicht werden, was mein Alter ist

Söhne Mannheims – Mein Name ist Mensch

Terrorgruppe – Jenseits von Eden

Wir sind Helden – Halt dich an deiner Liebe fest

Joachim Witt – Wo sind wir jetzt

Zeitreiser – Ardistan

Cover II

Bei seinen Konzerten und Auftritten sang auch Rio gerne Songs anderer Interpreten.

Zum Beispiel:

Alles klar auf der Andrea Doria (Udo Lindenberg)

Auf einem Baum ein Kuckuck (Volkslied)

Der Löwe schläft heut' Nacht (Solomon Linda)

Gimmie Shelter (Rolling Stones)

Hang Up My Rock'n'Roll Shoes (Chuck Willis)

Old Coat (Peter, Paul & Mary)

Over The Rainbow (Judy Garland)

Spanish Bombs (The Clash)

This Boy (The Beatles)

Too Shy (Kajagoogoo)

Wenn ich mir was wünschen dürfte (Marlene Dietrich)

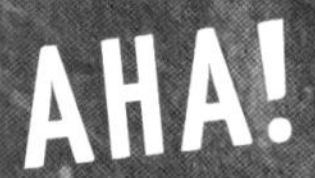

Kein Echo für Rio

Als Rio Reiser 1996 gestorben war, wurde nicht etwa er mit einem Echo für sein Lebenswerk ausgezeichnet, sondern Frank Farian, der Produzent von Boney M., der zwei Tänzer als Sänger von Milli Vanilli ausgegeben und damit die ganze Welt hinters Licht geführt hatte. Und auch den Fred-Jay-Preis, der ihm als einziger Preis noch zu Lebzeiten verliehen wurde, weil die Juroren Lena Valaitis, Udo Jürgens und Dieter Thomas Heck ihn als „begabten Textdichter deutscher Sprache" dafür ausgewählt hatten, erhielt er nicht für Songtexte, die er für Ton Steine Scherben geschrieben oder solo veröffentlicht, sondern für jene, die er für die Schlagersängerin Marianne Rosenberg verfasst hatte. Ansonsten ging er stets leer aus oder wurde geflissentlich übersehen, obwohl er von all seinen Kollegen bewundert wurde und Grönemeyer bereits vor seinem Tod anerkannt hatte, dass er „unser bester Texter" sei.

In seiner Laudatio auf Rio Reiser anlässlich der Verleihung der Eins-Live-Krone des WDR bekannte Herbert Grönemeyer: „Er ist der einzige deutsche Sänger, den ich je bewundert habe – seinen leidenschaftlichen Hang zum Aufruhr, zum Diventum, zum Kitsch und zum anarchistischen Patriotismus. Er hat die schönsten deutschen Kampf- und Liebeslieder geschrieben. Er war ein wahrer Romantiker und er hat aus der deutschen Sprache gesungen, was rauszuholen ist. ‚Bei Rockmusik geht es um Ekstase und Wut, nicht um Timing und Virtuosität', hat er einmal gesagt ... Wenn einer das Paradies verdient hat, dann ist er es. Lang lebe der König!"

Die Krone konnte der König von Deutschland nicht mehr selbst entgegennehmen. Sie wurde im Dezember 2001, mehr als fünf Jahre nach seinem Tod, seiner Mutter Erika überreicht.

Die Revolution ist vorbei – wir haben gesiegt

Gedenktafeln, Straßen und Plätze erinnern nicht nur in Berlin an Rio Reiser und Ton Steine Scherben.

In Alt Tucheband im Oderbruch wurde 2010 am Geburtshaus von Rios Vater Herbert Möbius eine Gedenktafel angebracht, auf der auch auf Rio Reiser hingewiesen wird. Rios Bruder Gert C. Möbius las in einer Feierstunde unveröffentlichte Texte von Rio vor.

Zwei Jahre später wurde im westfälischen Unna ein Weg nach Rio Reiser benannt, um an sein Engagement für die alternative Kulturszene der Stadt zu erinnern. Womit wohl die Verdienste gemeint waren, über die der *Hellweger Anzeiger* 2006 mit Verweis auf den *Unnaer Kulturkatalog* 1992 berichtet hatte: Damals sollen sich Rio und sein in Unna lebender Bruder Peter Möbius über die Inszenierung der *Märzstürme*-Revue gestritten haben: „Peter bezichtigte Rio, mit ‚Fassbinder-Allüren' das Ensemble zu führen. Rio fand, sein Bruder wäre ein ‚abstoßend ekelhafter Arbeiter-Verräter' — genauso wie eine der Figuren in dem Stück über die Niederschlagung der Arbeiter-Revolution im Ruhrgebiet. Später warf der wütende Rio im heutigen Da Lorenzo am Nordring eine gedeckte Tafel um."

An Rios Todestag wurde 2013 am Haus Tempelhofer Ufer 32 in Berlin, in dem Ton Steine Scherben von 1971 bis 1975 gelebt hatten, eine „Berliner Gedenktafel" angebracht. Staatssekretär Björn Böhning, der Chef der Senatskanzlei, begründete die Ehrung damit, dass „der Berliner Künstler und Musiker Reiser weit mehr" gewesen sei „als bloß ein Schöpfer eingängiger Songs". Er habe für das Lebensgefühl einer aufbegehrenden Jugend gestanden, für die Studentenbewegung, für eine Gegenkultur, und

er sei ganz sicher „einer der Väter des heutigen toleranten, kreativen und weltoffenen Berlins“.
Fast zehn Jahre später, 2022, wurde der Kreuzberger Heinrich-Platz in Anwesenheit der Kulturstaatsministerin und ehemaligen Scherben-Managerin Claudia Roth in Rio-Reiser-Platz umbenannt. Der Verein Historische Spandauer Stadtgarde erinnerte in einem offenen Brief an das Bezirksamt Friedrichshain-Kreuzberg daran, dass der Heinrich-Platz einst nach Prinz Heinrich von Preußen benannt worden war, weil dieser „Feldherr ohne Fehl“ (Friedrich II.) als Regimentskommandeur neue militärische Strategien ersonnen und so zur Beendigung des 7-jährigen Krieges beigetragen hatte. Der Prinz sei zudem ein wichtiger preußischer Diplomat gewesen, der der französischen Revolution positiv gegenübergestanden habe, und ebenfalls ein Musiker und Komponist. Dass ausgerechnet dieser Platz „mit dem Namen eines bekennenden Homosexuellen aus dem 17. und 18. Jahrhundert“, der seinerzeit Männerballette inszenierte, in denen er Frauenrollen einnehmen konnte, „für die angebliche Rehabilitierung eines Schwulen des 20. Jahrhunderts gewählt wurde“, machte den Vereinsvorsitzenden Armin Brenker „wütend“. Die Umbenennung des Platzes sei folglich „ein gegenseitiges Ausspielen queerer Persönlichkeiten“, und man befürchte, dass der Rio-Reiser-Platz zum Quoten-Schwulen-Platz werden könnte: „Sollte ein berühmter Schwuler sterben, wird der Platz wieder umbenannt, um die Zahl von Plätzen mit queeren Namen gering zu halten. Sie hissen Regenbogenflaggen, aber zeigen Homosexuellen die kalte Schulter.“

Rio Reiser war zunächst per Sondergenehmigung der schleswig-holsteinischen Ministerpräsidentin Heide Simonis im Garten vor seinem Domizil in Fresenhagen bestattet worden – wie Elvis in Graceland. Seine Brüder waren darauf sehr stolz, weil zuvor nur dem Bayerischen Ministerpräsidenten Franz Josef Strauß die Ehre widerfahren war, auf einem Privatgrundstück bestattet zu werden. Nach dem Verkauf des Bauernhofs und Grundstücks wurde Rio aber 2011 ausgehoben und umgebettet. Sein „Ehrengrab“, für dessen Pflegekosten das zuständige Bezirksamt per Senatsbeschluss aufkommen muss, befindet sich seitdem auf dem Berliner St. Matthäus-Friedhof an der Grenze von Schöneberg zu Kreuzberg. Damit liegt Rio nun in prominenter Gesellschaft – auch die Gräber der Gebrüder Grimm und des Komponisten Max Bruch sind dort zu finden, worauf Bruder Gert gerne hinwies.

Bereits 2009 wollte Steffen Hartmann, der CDU-Vorsteher von Nieder-Roden, in dem Ortsteil der hessischen Stadt Rodgau Rio Reiser ein Denkmal errichten, weil sich Ton Steine Scherben dort zu dem entwickelt hätten, was sie später wurden: „eine Band, die immer gesagt hat, was sie dachte und damit erfolgreich war“. Ein Ort brauche schließlich Identifikationsmerkmale, „egal aus welcher Epoche“.

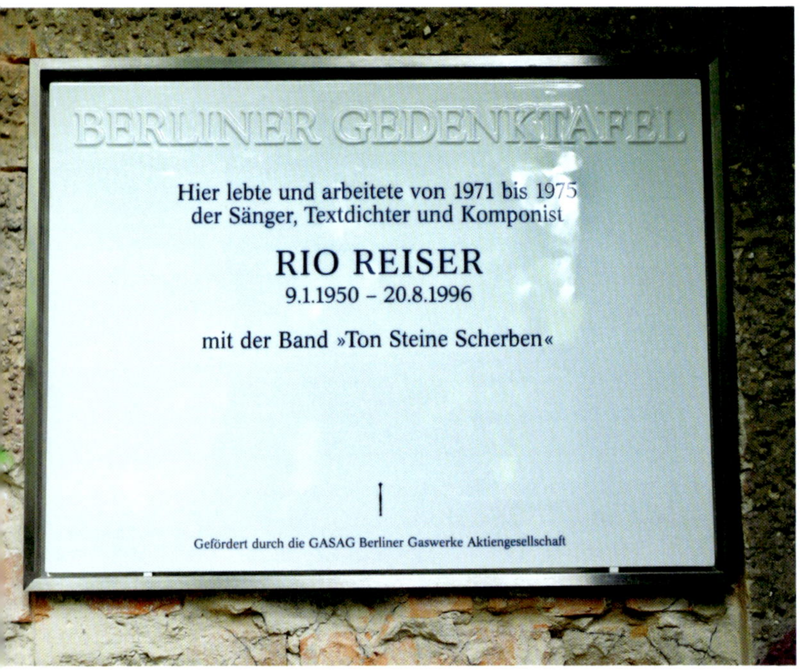

Die große Verkoofe

Wenn eine Band ihren 50. Geburtstag feiert, sollte man eigentlich davon ausgehen können, dass sie schon seit fünf Jahrzehnten Platten veröffentlicht oder auf Tournee geht.

Nach der Auflösung der Band Ton Steine Scherben 1985 verstummten ihre Mitglieder und überließen es Rio Reiser, ihren Ruhm zu bewahren. Nach seinem Tod dauerte es weitere neun Jahre, bis sie wieder zusammenfanden und unter dem Namen Scherben-Family auftraten – allerdings ohne ihren Gitarristen Lanrue, der zusammen mit Rio ihre wichtigsten Songs geschrieben hatte.

Anfangs wirkten die Mitglieder der Scherben-Family auf der Bühne, als hätte man sie von ihren Übervätern Rio und Lanrue erlöst, und sie boten die alten Lieder durchaus überzeugend und authentisch dar. Nach der Rückkehr Lanrues ordneten sich ihm aber alle wieder brav unter und gingen mit einer Formation auf Tournee, die besser unter dem Namen Steitz-Family aufgetreten wäre, weil ihr auch Lanrues Tochter Josie, seine Schwester Elfie und sein Neffe Maxime, ein sehr talentierter Schlagzeuger, angehörten. Nach ein paar Jahren war aber auch dieses Revival vorbei.

Seit 2016 tourte unter dem Namen Ton Steine Scherben ein Trio, dem neben dem fränkischen Liedermacher Gymmick nur noch der Bassist Kai Sichtermann und der Schlagzeuger Funky K. Götzner angehörten; im Frühjahr 2023 wurde Gymmick durch die Sängerin Birte Volta ersetzt. In Zeiten, bevor es das Internet gab, galten solche Mogelpackungen als „Rip Off" oder „Ausverkauf". Die Konzerte von „Ton Steine Scherben mit Gymmick" waren aber meistens gut besucht und das Publikum war oft ganz aus dem Häuschen, weil es Ton Steine Scherben nur von YouTube oder ihren Platten kannte und vor der Auflösung der Band

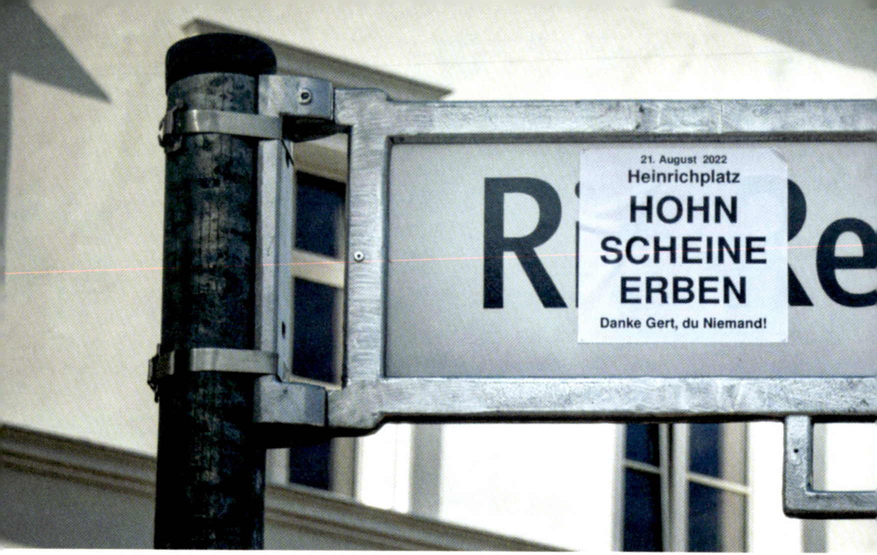

noch zu jung oder noch gar nicht geboren war, um die „Originalbesetzung" jemals live sehen zu können. Ältere Fans schwelgten hingegen nostalgisch in Erinnerungen.

Im Gegensatz zu Marius del Mestre, der 1981 eine Tournee lang Rhythmusgitarrist von Ton Steine Scherben war, jahrelang mit dem Kontrabassisten Akki Schulz mit einem Repertoire von Scherben-Songs durch die Lande tingelte und immer noch bei Auftritten der Scherben-Family singt, mangelte es Gymmick nicht nur an einer Stimme, die wenigstens entfernt an Rio Reiser erinnerte, er besaß auch nicht jene Street Credibility, die Rio und auch del Mestre auszeichnete. Dazu spielte Kai Sichtermann grummelige Bassläufe und Funky trommelte, kurz davor einzuschlafen, auf einem Cajon vor sich hin. Das Publikum feierte sie trotzdem.

So wunderte es dann auch nicht, dass Ton Steine Scherben 2020 ihren 50. Geburtstag mit allem Trara zelebrierten, das dazugehört, wenn solch ein Jubiläum begangen wird – unterstützt vom Berliner Kultursenator und finanziell gefördert vom Hauptstadtkulturfond.

Die Feierlichkeiten mussten zwar coronabedingt um ein Jahr verschoben werden, doch dann zeigte das Freiluftkino Hasenheide 2021 eine Reihe von Filmen über Rio und die Scherben.

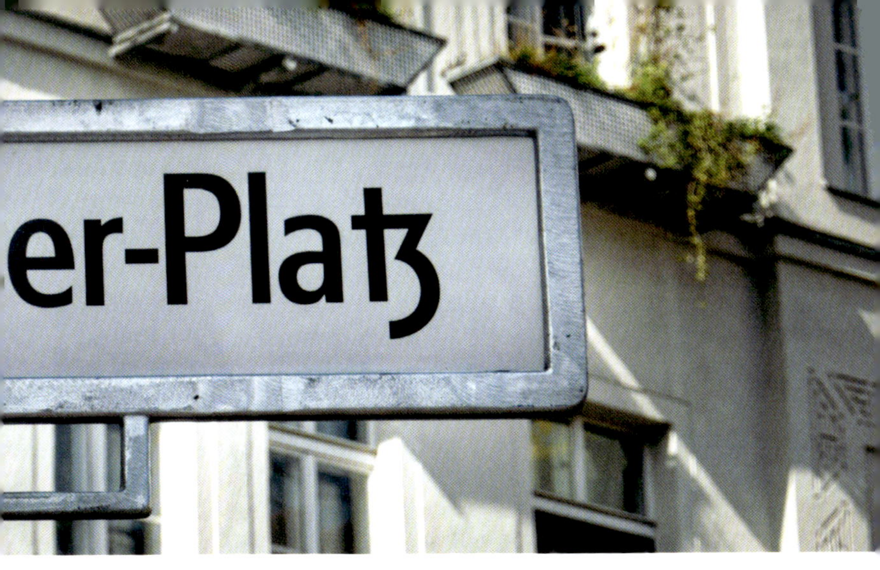

Das Brechthaus veranstaltete eine Podiumsdiskussion über den Moment der Revolte, die von dem Jubiläumsjournalisten Michael Sontheimer (*Der Spiegel*) moderiert wurde. Die Galerie ZeitZone stellte Ilse Rupperts Fotos der Rote-Rübe-Zirkusshow *Liebe Tod Hysterie* aus. Eine weitere Ausstellung gab es in der Browse Gallery und obendrauf noch eine Fotoinstallation im Kunstquartier Bethanien (das die Scherben einst besetzt hatten und wo man ihnen später Hausverbot erteilt hatte). Im Wirtshaus Max & Moritz lasen Wegbegleiter*innen aus ihren Büchern. Das Kollektiv Hysterisches Globusgefühl knüpfte mit einer Performance an die Anfänge von Ton Steine Scherben in Hoffmanns Comic Teater an. Und Sema Binia von der Berliner Geschichtswerkstatt lud zu einer Stadtführung auf den Spuren der Scherben unter dem Motto *Musik ist eine Waffe* ein.

Allein ein Auftritt der Scherben-Family im SO36 fand erst im Jahr darauf statt – allerdings nicht in dem Kreuzberger Club, sondern auf einer aus Pontons bestehenden Bühne am Ufer der Spree.

Darüber, ob Rio Reiser sich vom Ausmaß dieser Jubiläumsfeierlichkeiten geschmeichelt gefühlt hätte, lässt sich nur spekulieren. Denn vielleicht wäre ihm diese „Verkoofe" ja auch gegen den Strich gegangen und er hätte empört gerufen: „Alles Lüge!"

Das Quiz für echte Rio-Reiser-Experten

1. Wer befand sich unter den Zuschauern, als Ton Steine Scherben im Januar 1973 im UJZ Kornstraße in Hannover auftraten?

a) Giovanni di Lorenzo, der heutige Chefredakteur der Wochenzeitung *Die Zeit*
b) Caren Miosga, die Moderatorin der ARD-*Tagesthemen*
c) Stefan Aust, der spätere *Spiegel*-Chefredakteur

2. Wer trat im Vorprogramm von Rio Reiser auf, als er 1988 in der Ostberliner Werner-Seelenbinder-Halle gastierte?

a) City
b) Lutz Kerschowski
c) Herbst in Peking

3. Unter welchem Namen treten Kai Sichtermann und Funky K. Götzner heute auf?

a) Neues Glas aus alten Scherben
b) Scherbe kontra Bass
c) Ton Steine Scherben

4. Welcher Berliner Platz wurde in Rio-Reiser-Platz umbenannt?

a) der Heinrich-Platz in Kreuzberg
b) der Potsdamer Platz in Berlin-Mitte
c) der Mariannenplatz in Kreuzberg

5. In welcher Talkshow versuchte Nikel Pallat, einen Tisch zu zerhacken?

a) 3 nach 9
b) Ende offen
c) Der heiße Stuhl

6. Mit welchem Haus verglich die *Süddeutsche Zeitung* das Rio Reiser Haus in Fresenhagen?

a) mit dem Goethehaus in Weimar
b) mit dem Buddenbrookhaus in Lübeck
c) mit der Villa Bärenfett in Radebeul

7. Wie fanden Ton Steine Scherben heraus, wann es am besten wäre, mit der Produktion ihres Albums IV zu beginnen?

a) mithilfe von Tarotkarten
b) per Astrologie
c) Sie haben darum gewürfelt.

8. Nach dem Abschiedskonzert für Rio versammelten sich seine Freunde und Mitstreiter im Hotel Buschkrug. Was servierten ihnen Claudia Roth und die Komikerin Marlene Jaschke zu später Stunde?

a) Champagner
b) Spätzle
c) Spiegeleier

9. Ihren ersten Auftritt hatten Ton Steine Scherben bekanntlich auf dem Festival der Liebe in Fehmarn. Wer trat direkt vor ihnen auf?

a) Sly & the Family Stone
b) die Charly Schreckschuss Band
c) Jimi Hendrix

10. Welcher Freizeitpark warb mit dem Song „König von Deutschland"?

a) Legoland
b) Disneyland
c) Phantasialand

11. Unter dem Titel *Brüder zur Sonne zur Freiheit* inszenierte das Schauspielhaus Hannover …

a) einen Arbeiterliederabend ohne Verdi
b) einen Liederabend für Lehrer ohne Heinz Rudolf Kunze
c) einen liederlichen Abend ohne Teresa Orlowski

12. Für welchen Film erhielt Rio Reiser ein Filmband in Gold?

a) Johnny West
b) Johnny East
c) Johnny Walker

13. Zu welchem Song wurde Rio Reiser auf einem LSD-Trip inspiriert?

a) Ich will nicht werden, was mein Alter ist
b) Warum geht es mir so dreckig
c) Macht kaputt, was euch kaputt macht

14. Rios Freund Elser Maxwell wurde als Kind angeblich für ein „Lebensmittel" fotografiert. Für welches?

a) Kinderschokolade
b) Brandt-Zwieback
c) Nutella

15. Welche Sekte spionierte angeblich Rio Reiser aus?

a) die Kinder Gottes
b) die Sonnentempler
c) die Manson-Family

16. Warum erteilte das Georg-von-Rauch-Haus den Mitgliedern von Ton Steine Scherben Hausverbot?

a) weil sie Trebegängern beibrachten, wie man Stromgitarre spielt
b) weil sie das Georg-von-Rauch-Haus besetzt hatten
c) weil sie einen Song über das Haus geschrieben hatten

17. Aus Protest gegen die bayrische Aids-Politik wollte Rio ...

a) nicht mehr Bayern betreten
b) das Oktoberfest boykottieren
c) seine Ehrenmitgliedschaft beim FC Bayern München beenden

18. Warum wurde in Unna ein Weg nach Rio Reiser benannt?

a) weil er sich für die dortige Kulturszene engagiert hatte
b) weil sein Bruder Peter Möbius in Unna lebte
c) weil er im Restaurant Da Lorenzo eine gedeckte Tafel umgeworfen hatte

19. Die Ballade vom „Zauberland", das abgebrannt sei, war

a) ein Abgesang auf die DDR
b) eine Kritik der in Fresenhagen herrschenden Hierarchien
c) ein Song über Waldbrände in Kalifornien

20. Ton Steine Scherben lösten sich 1985 auf, weil ...

a) man einen alten Baum nicht verpflanzt
b) sie sonst nur noch existiert hätten, um Schulden zu begleichen
c) sie nichts mehr zu sagen hatten

21. Wozu forderte Heinz Rudolf Kunze 1986 die Leser des Stadtmagazins *Schädelspalter* auf?

a) sie sollten den „Revolutionsstrizzi" Rio Reiser an den nächsten Laternenpfahl knüpfen
b) lieber seine Lieder hören
c) den König von Deutschland vom Thron stürzen

22. In welchem Musentempel wurde die erste Beatoper der Welt uraufgeführt?

a) Theater des Westens
b) SO 36
c) Komische Oper

23. Mit wem gingen Ton Steine Scherben 1972 auf Tour?

a) Frank Zappa & the Mothers of Invention
b) MC5
c) The Doors

24. Die *Black Box Rio Reiser* enthält ...

a) sein Gesamtwerk
b) sein gesamtes Solowerk
c) alle Daten des Flugschreibers seiner Cessna

25. Die erste Platte, die sich Rio Reiser gekauft hat, war ...

a) *Bitte geh nicht fort* von Marlene Dietrich
b) *Junge, komm bald wieder* von Freddy Quinn
c) *Somewhere Over The Rainbow* von Judy Garland

26. Rio Reiser trat immer barfuß auf, weil ...

a) man auch mit den Füßen sehen kann, selbst wenn man keine Hühneraugen hat
b) er ständig Löcher in den Socken hatte
c) es ihm so leichter fiel, abzuheben

27. Um E-Gitarre zu spielen brauchte Rio Reiser ...

a) kein Abitur
b) keinen Gitarrenlehrer
c) die Erlaubnis von Polit-Gurus

28. Schlotterer spielte bei den Scherben nicht nur Querflöte, sondern war auch ihr ...

a) religiöser Berater
b) Manager
c) Roadie

29. Bevor er Rhythmusgitarrist von Ton Steine Scherben wurde, spielte Marius del Mestre ...

a) Gitarre in der New-Wave-Band Tempo
b) Schlagzeug in der Polit-Punk-Band Slime
c) Saxofon bei den Neonbabies

30. Welcher Fußballer besuchte Lanrue in der Scherben-Kommune am Tempelhofer Ufer?

a) Paul Breitner
b) Günter Netzer
c) George Best

Quiz-Lösungen

1a, 2b, 3c, 4a, 5b, 6a, 7a, 8c, 9c, 10c, 11a, 12a, 13a, 14b, 15a, 16a, 17a, 18a und b, 19b, 20b, 21a, 22a, 23b, 24b, 25a, 26a, 27a, b und c, 28a, 29a, 30a

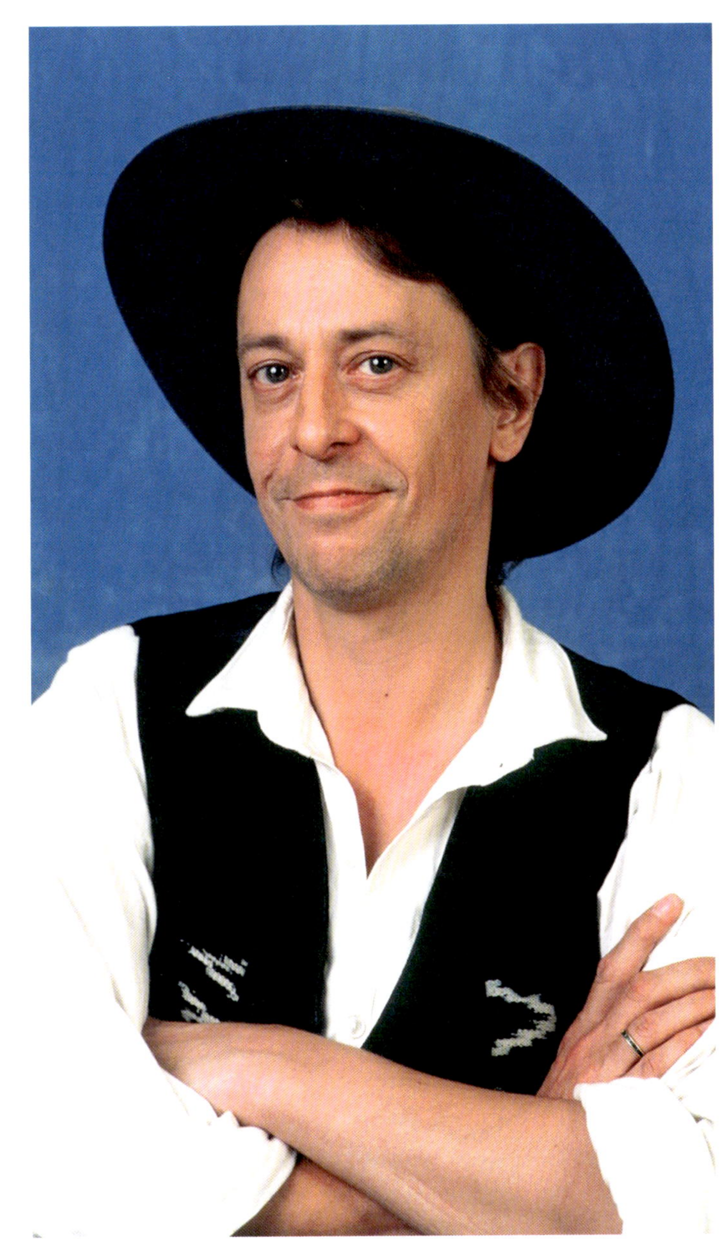

Zitate

„Er ist der einzige deutsche Sänger, den ich je bewundert habe – seinen leidenschaftlichen Hang zum Aufruhr, zum Diventum, zum Kitsch und zum anarchistischen Patriotismus. Er hat die schönsten deutschen Kampf- und Liebeslieder geschrieben. Er war ein wahrer Romantiker und er hat aus der deutschen Sprache gesungen, was rauszuholen ist.“
Herbert Grönemeyer

„Ich habe noch nie jemanden in Deutschland singen gehört und gesehen, der wie Rio in der Lage war, innerhalb von Sekunden eine intime Beziehung, geradezu eine Liebesbeziehung, mit jedem einzelnen Zuhörer aufzubauen.“
Blixa Bargeld, Einstürzende Neubauten

„Rio Reiser stand mit seiner Musik für feinste Randale und gnadenlosen Straßenkampf.“
Udo Lindenberg

„The most influential musician of his generation, making German rock music fashionable for the first time among the radical and politically aware young.”
The Guardian